中职教育"十二五"规划教材·会计专业课系列
项目教学法教材

出纳实务
Chuna Shiwu

主　编：杨清波　尤文利
副主编：丁宇明
编　委：尤文利　冯林娜
　　　　王　飞　黄丽娜　高　洁

立信会计出版社
LIXIN ACCOUNTING PUBLISHING HOUSE

图书在版编目(CIP)数据

出纳实务/杨清波,尤文利主编.—上海:立信会计出版社,2011.9
中职教育"十二五"规划教材.会计专业课系列
ISBN 978-7-5429-3049-1

Ⅰ.①出… Ⅱ.①杨… ②尤… Ⅲ.①出纳—会计实务—中等专业学校—教材 Ⅳ.①F233

中国版本图书馆 CIP 数据核字(2011)第 184310 号

责任编辑　赵新民
封面设计　周崇文

出纳实务

出版发行	立信会计出版社		
地　　址	上海市中山西路 2230 号	邮政编码	200235
电　　话	(021)64411389	传　真	(021)64411325
网　　址	www.lixinaph.com	电子邮箱	lxaph@sh163.net
网上书店	www.shlx.net	电　话	(021)64411071
经　　销	各地新华书店		
印　　刷	常熟市梅李印刷有限公司		
开　　本	787 毫米×1092 毫米	1/16	
印　　张	9.25		
字　　数	197 千字		
版　　次	2011 年 9 月第 1 版		
印　　次	2018 年 1 月第 7 次		
印　　数	17 501—20 600		
书　　号	ISBN 978-7-5429-3049-1/F		
定　　价	24.00 元		

如有印订差错,请与本社联系调换

前言
FOREWORD

《出纳实务》是中等职业学校会计类专业的骨干专业课程之一,该课程以会计实际工作中的出纳工作岗位职责为内容,在遵循会计职业技能训练标准和要求的前提下,结合各单位出纳的日常工作任务,从了解出纳的基本知识入手,分现金业务的核算、银行业务的核算以及银行借款的办理等七个任务模块来进行讲述。

鉴于目前市场上已出版的《出纳实务》教材版本很多,教材体例、内容安排等方面各有千秋,我们在编写本教材过程中,力求突出一个"实"字。

1. 素材来源于实际

在编写过程中,参编人员根据大纲要求,深入银行等企业,了解业务流程和最新政策制度,力求获取第一手资料,使教材的资料真实可靠。

2. 内容突出实践

在真实素材的基础上,内容的编排力求符合职业岗位标准,少理论,少假大空;多实践,多技能操作。

3. 目标定位于实践

作为会计专业的技能课程,教材编写定位准确。无论是业务手续的办理,还是业务流程的描述,均体现了便于实践性操作的宗旨。

本书可作为中等职业学校会计类专业教学用书,也可作为各单位出纳人员自学用书。

本书编写分工如下：由杨清波担任主编，负责大纲的拟定、全书稿件的通纂，丁宇明担任副主编。参与编写的还有尤文利、冯林娜、王飞、黄丽娜、高洁。

尽管我们为编写该教材付出了一些努力，但由于编写者的水平和经验有限，书中难免会有各种不足，敬请各位专家和读者提出宝贵意见和建议，以便我们改进和完善。

编　者

目录 CONTENTS

任务一 了解出纳的基础知识 ·· 001
 一、出纳工作 ··· 001
 二、出纳人员 ··· 005
 三、出纳工作的组织 ·· 009
 【想一想】 ··· 010
 【练一练】 ··· 010

任务二 现金业务核算 ·· 011
 一、现金的收付业务 ·· 011
 二、现金日记账的设置与登记 ································· 019
 三、现金的清查 ·· 022
 【想一想】 ··· 023
 【练一练】 ··· 023

任务三 银行业务核算 ·· 030
 一、银行存款的收付业务 ······································· 031
 二、银行存款日记账的设置与登记 ·························· 053
 三、银行存款的清查 ··· 056
 【想一想】 ··· 060
 【练一练】 ··· 060

任务四 银行借款 ·· 072
 一、银行借款的管理 ··· 072

二、申请贷款 ·· 073
　　三、借款 ·· 088
　　【想一想】 ·· 091
　　【练一练】 ·· 092

任务五　银行结算账户的开立、变更和撤销 ·· 095
　　一、银行结算账户的概念 ·· 095
　　二、银行结算账户管理的基本原则 ·· 096
　　三、银行结算账户的开立 ·· 096
　　四、银行结算账户的变更 ·· 101
　　五、银行结算账户的撤销 ·· 103
　　【想一想】 ·· 105
　　【练一练】 ·· 105

任务六　点钞验钞技能训练 ··· 111
　　一、人民币的鉴别与防伪知识 ··· 111
　　二、出纳人员手工点钞技能 ·· 120
　　【想一想】 ·· 124
　　【练一练】 ·· 124

任务七　出纳工作的交接 ·· 126
　　一、出纳工作交接 ··· 126
　　二、出纳工作的交接手续 ··· 128
　　三、出纳工作移交表 ··· 129
　　【想一想】 ·· 132
　　【练一练】 ·· 132

附　【练一练】参考答案 ·· 137

参考文献 ··· 139

任务一　了解出纳的基础知识

案例导入

热心勤快的出纳员——小张

小张从财经学校毕业,应聘到一家企业当出纳员,但刚到工作岗位,对出纳结算业务不是很熟悉。小张认为,既然自己是一名新人,就应该对单位领导、财务主管绝对服从,别人的工作他也抢着干,并认为只有这样才能使自己的业务尽快提高。你认为小张这样做合适吗?他应该做好哪些前期工作?应该怎样与其他财务人员相处?

学习目标

通过本任务内容的学习,使学生理解出纳的含义;熟悉出纳岗位职责;掌握出纳人员的基本要求;了解出纳工作组织。

任务分解

一、出纳工作

(一) 出纳的含义

提起出纳,大多数人会想到这个职业与钱有关。什么是出纳? 出纳,作为会计名词,运用在不同场合有着不同涵义。从这个角度讲,出纳一词至少有出纳工作和出纳人员两种涵义。

出纳工作,顾名思义,"出"即"支出","纳"即"收入"。出纳工作,就是管理货币资金、票据、有价证券进进出出的一项工作。具体地讲,出纳是按照有关制度和规定,办理本单位的现金收付、银行结算及有关账务,保管库存现金、有价证券、财务印章及有关票据等工作的

001

总称。

出纳人员,是指从事出纳工作的人员。狭义上仅指会计部门的出纳人员;广义上讲,出纳人员既包括会计部门的出纳人员,也包括业务部门的各类收银员。收银员从其工作内容、方法、要求,以及他们本身应具备的素质等方面看,与会计部门的专职出纳人员有很多相同之处。因此,出纳业务的管理和出纳人员的教育与培训,应从广义角度综合考虑。

(二) 出纳工作的特点

任何工作都有自身的特点和工作规律。出纳是会计工作的组成部分,具有一般会计工作的本质属性,但它又是一个专门的岗位,一项专门的技术,因此,具有自己专门的工作特点。主要特点有以下几方面。

(1) 社会性。出纳工作担负着一个单位货币资金的收付、存取活动,而这些活动是置身于整个社会经济活动的大环境之中的,是和整个社会的经济运转相联系的。只要这个单位发生经济活动,就必然要求出纳员与之发生经济关系。比如,出纳人员要了解国家有关财会政策法规并参加这方面的学习和培训,出纳人员要经常跑银行以及出纳人员要处理与本单位有结算关系的其他单位或个人之间的关系等。因此,出纳工作具有广泛的社会性。

(2) 专业性。出纳工作作为会计工作的一个重要岗位,有着专门的操作技术和工作规则。凭证如何填、出纳账怎样记都很有学问,就连保险柜的使用与管理也是很有讲究的。因此,要做好出纳工作,一方面要求经过一定的职业教育,另一方面也需要在实践中不断积累经验,掌握其工作要领,熟练使用现代化办公工具,做一个合格的出纳人员。

(3) 政策性。出纳工作是一项政策性很强的工作,其工作的每一环节都必须依照国家规定进行。如办理现金收付要按照国家《现金管理暂行条例》的规定进行,办理银行结算业务要根据国家《银行支付结算办法》进行。《会计法》、《会计基础工作规范》等法规都把出纳工作并入会计工作中来,并对出纳工作提出具体的规定和要求。出纳人员如果不掌握这些政策法规,就做不好出纳工作;不按这些政策法规办事,就违反了财经纪律。

(4) 时间性。出纳工作具有很强的时间性,何时发放职工工资,何时核对银行对账单,等等,都有严格的时间要求,一天都不能延误。因此,出纳员心里应有个时间表,及时办理各项工作,以保证出纳工作质量。

(三) 出纳的基本职能

出纳工作是财会工作的一个重要组成部分,从总的方面来讲,其职能可概括为收付、反映、监督和管理四个方面。

1. 收付职能

出纳的最基本职能是收付职能。企业经营活动少不了货物价款的收付、往来款项的收付,也少不了各种有价证券以及金融业务往来的办理。这些业务往来的现金、票据和金融证券的收付和办理,以及银行存款收付业务的办理,都必须经过出纳人员之手。

2. 反映职能

出纳要利用统一的货币计量单位,通过其特有的库存现金与银行存款日记账、有价证券的各种明细分类账,对本单位的货币资金和有价证券进行详细的记录与核算,以便为经济管理和投资决策提供所需的完整、系统的经济信息。

3. 监督职能

出纳不仅要对本单位的货币资金和有价证券进行详细的记录与核算,为经济管理和投资决策提供完整、系统的经济信息,还要对企业的各种经济业务,特别是货币资金收付业务的合法性、合理性和有效性进行全过程的监督。

4. 管理职能

出纳还有一个重要的职能是管理职能。对货币资金与有价证券进行保管,对银行存款和各种票据进行管理,对企业资金使用效益进行分析研究,为企业投资决策提供金融信息,甚至直接参与企业的投资方案评估、投资效益预测分析等都是出纳的职责所在。

(四)出纳工作的流程及规范

出纳人员每天要处理大量的经济业务,协调各方面的经济利益关系,如何才能提高工作效率、保证工作质量呢?这就需要制定一个合理而有效的工作流程,使得出纳工作有条不紊地执行,满足单位财务管理的需要。

1. 资金收支的一般程序

出纳人员办理资金收支业务要求有章可循,并按照规定的程序进行业务处理,才能保证出纳工作的质量。

(1)资金收入的处理。

① 清楚收入的金额和来源。出纳人员在收到一笔资金之前,应当清楚地知道要收到多少钱,收谁的钱,收什么性质的钱,再按不同的情况进行分析处理。其基本业务如下:

确定收款金额。如为现金收入,应考虑库存限额的要求。

明确付款人。出纳人员应当明确付款人的全称和有关情况,对于收到的背书支票或其他代为付款的情况,应由经办人加以注明。

收到销售或劳务性质的收入。出纳人员应当根据有关的销售(或劳务)合同确定收款额是否按协议执行,并对预收账款、当期实现的收入和收回以前欠款分别进行处理,保证账实一致。

收回代付、代垫及其他应付款。出纳人员应当根据账务记录确定其收款额是否相符,具体包括单位为职工代付的水电费、房租、保险金、个人所得税、职工的个人借款和差旅费借款、单位交纳的押金等。

② 清点收入。出纳员在清楚收入的金额和来源后,进行清点核对,清点时应沉着冷静,不要图快。其业务如下:

现金清点。现金收入应与经办人当面点清,在清点过程中出纳人员发现短缺、假钞等特殊问题,应由经办人负责。

银行核实。银行结算收入应由出纳人员与银行相核对,如为电话询问或电话银行查询的,只能作为参考,在取得银行有关的收款凭证后,方可正式确认收入,进行账务处理。

清点核对无误后,按规定开具发票或内部使用的收据。如果收入金额较大的,应及时上报有关领导,便于资金的安排调度,手续完毕后,在有关收款依据上加盖"收讫"章。

如果清点核对并开出单据后,再发现现金短缺或假钞,应由出纳人员负责。

③ 收入退回。因特殊原因导致收入退回的,比如,支票印鉴不清,收款单位账号错误等,应由出纳人员及时联系有关经办人或对方单位,重新办理收款。

(2) 资金支出的处理。

① 明确支出的金额和用途。出纳人员支付每一笔资金的时候,一定要知道准确的付款金额,合理安排资金。

明确收款人。出纳人员必须严格按合同、发票或有关依据记载的收款人进行付款,对于代为收款的,应当出具原收款人证明材料并与原收款人核实后,方可办理付款手续。

明确付款用途。对于不合法、不合理的付款应当坚决给予抵制,并向有关领导予以汇报,行使出纳人员的工作权力,用途不明的,出纳人员可以拒付。

② 付款审批。由经办人填制付款单证,注明付款金额和用途,并对付款事项的真实性和准确性负责。

有关证明人的签章。经办人在付款过程中,涉及实物的,应当有仓库保管员或实物负责人的签收;涉及差旅费、销售费用等的,应当由证明人或知情人加以证明。

有关领导的签字。收款人持证明手续完备的付款单据,报有关领导审阅并签字。

到财务部门办理付款。收款人持内容完备的付款单证,报经会计审核后,由出纳办理付款。

③ 办理付款。付款是资金支出中最关键的一环,出纳人员应当特别谨慎,要用如临深渊、如履薄冰的态度认真对待,因为款项一旦付出,发生差错是很难追回的。要严格核实付款金额、用途及有关审批手续。

现金付款。双方应当面点清。如果在清点过程中发现短缺、假钞等情况,应由出纳员负责。

银行付款。开具支票时,出纳人员应认真填写各项内容,保证要素完整、印鉴清晰、书写正确,如果为现金支票,则应附领票人的姓名、身份证号码及单位证明。办理转账或汇款时,出纳人员应书写准确、清晰、完整,保证收款人能按时收到款项。

付款金额双方确认后,由收款人签字并加盖"付讫"章。如果为转账或汇款,则银行单据直接作为已付款证明。

确认签字后,如果再发现现金短缺或其他情况,应由收款经办人负责。

④ 付款退回。因特殊原因造成支票或汇款退回的,出纳人员应当立即查明原因,如因本单位责任引起的,应换开支票或重新汇款,不得借故拖延;如因对方责任引起的,应由对方重新补办手续方可办理。

2. 资金收支的账务处理

出纳人员的账务处理相对而言较为简单,其程序与会计处理基本一致。具体可分为:

(1) 按照经济业务内容设置出纳账户。

(2) 按照各项规章制度审核原始凭证。

(3) 根据复式记账原理填制记账凭证。
(4) 登记出纳日记账和相关备查簿。
(5) 财产清查,保证账实相符、账账相符。
(6) 编制出纳报告。
(7) 保管出纳资料,按规定办理移交手续。

3. 出纳工作的阶段日程

出纳工作是按时间分阶段进行处理和总结的,因此出纳员在了解资金收支的一般程序和账务处理之后,要对工作有个时间的概念,以保证出纳业务得到及时处理,出纳信息得到及时反映。

(1) 上班第一时间,检查现金、有价证券及其他贵重物品。
(2) 向有关领导及会计主管请示资金安排计划。
(3) 列明当天应处理的事项,分清轻重缓急,根据工作时间合理安排。
(4) 按顺序办理各项收付款业务。
(5) 当天下班前,应将所有的收付款单据编制记账凭证登记入账。
(6) 因特殊事项或情况,造成工作未完成的,应列明未尽事项,留待翌日优先办理。
(7) 根据单位需要,每天或每周报送一次出纳报告。
(8) 当天下班前,出纳人员进行账实核对,必须保证现金实有数与日记账、总账相符;收到银行对账单的当天,出纳人员应进行核实,使银行存款日记账、总账与银行对账单在进行余额调节后相符。
(9) 当天下班前,出纳人员应整理好办公用品,锁好抽屉及保险柜,保持办公场所整洁,无资料遗漏或乱放现象。
(10) 每月终了3天内,出纳人员应当对其保管的支票、发票、有价证券,以及重要结算凭证进行清点,按顺序进行登记核对。
(11) 其他出纳工作的办理。

二、出纳人员

(一) 出纳人员的素质

做好出纳工作并不是一件很容易的事,它要求出纳员有全面精通的政策水平,熟练高超的业务技能,严谨细致的工作作风及良好的职业道德。

1. 具有一定的政策水平

出纳人员的出纳工作多涉及国家和企业的相关政策,如现金管理制度、银行结算纪律、《会计基础工作规范》、成本管理条例、费用报销额度、税收法规、发票管理办法、本单位财务管理办法等,所以要做好出纳工作,必须要先学习和了解、掌握相关法律法规和制度,提高政策水平。

2. 具有一定的业务技能

"台上一分钟,台下十年功。"这对出纳工作来说是十分适用的。作为专职出纳人员,应具备以下业务技能：

(1) 规范的书写。作为一名出纳员必须能够正确书写数字和文字，做到整齐、清晰、快捷，这是一项必备的基本功。

(2) 真假人民币的鉴别。出纳员在日常工作中，经常接触大量的现金，掌握识别人民币真伪的知识很有必要。鉴别人民币真假的方法有人工鉴别法和机器检测法。

(3) 点钞技术。掌握正确的手工点钞技巧是出纳人员必备的技能，出纳人员要通过刻苦锻炼，掌握一种或几种手工点钞方法，做到点钞又快又准。

(4) 电子计算机的应用。出纳人员必须熟悉计算机的基本操作技能，包括 EXCEL、WORD 的应用，还要熟悉出纳人员岗位所必须使用的有关财务软件的操作技能。

(5) 出纳专用机具的使用。出纳人员应该熟练掌握验钞机、点钞机和支票打印机的使用，收银人员还要学会使用收银机、操作 POS 机等。

(6) 银行转账业务的办理。各企业事业单位的往来款除了按现金管理规定可以使用现金以外，都要通过银行办理转账结算，出纳人员要掌握各种银行结算方式办理结转业务。

(7) 登记账簿。出纳人员要根据审核无误的记账凭证，规范熟练地登记库存现金日记账和银行存款日记账，并做到日清月结。

3. 具有严谨细致的工作作风

由于出纳人员每天都会与钱、票据打交道，稍有不慎就会出现差错和损失，因此出纳人员应具有严谨、细致的工作作风。出纳人员的工作作风可以概括为：精力集中、有条不紊、严谨细致、沉着冷静。出纳人员在工作时，要集中精力，不能眼观六路、耳听八方，工作环境、会计工具的摆放要井然有序，钱款、票据要依习惯和要求摆放整齐、便于存取，收付现金时要认真、细致，不发生差错，若发生问题要沉着冷静将问题解决。

4. 具有良好的职业道德

面对每天都有大量的钱从自己的手中流过，出纳人员一定要有一颗坦然面对的心，要洁身自好，不贪、不占，实事求是地反映经济活动的本来面目，顺利通过"金钱关"。具体来讲，出纳人员应遵守的职业道德有以下几方面。

(1) 敬业爱岗。出纳人员应热爱本职工作，努力钻研业务，使自己的知识和技能适应工作要求。

(2) 依法办事。出纳工作要依法律、法规和企业财务制度要求的程序办理业务，保证会计信息的合理、合法、正确、真实、及时、完整。

(3) 客观、公正。出纳人员在办理会计业务时要实事求是、客观公正，不能徇私枉法。

(4) 搞好服务。出纳人员每天都会面对各种各样的工作和人，所以出纳人员要努力改善服务环境，提高服务水平。

(5) 严守秘密。出纳人员应严守企业秘密，不得私自向外界或相关人员泄露企业的会计信息。

(6) 清正廉洁。清正廉洁是出纳人员的立身之本。由于出纳人员每天和现金、银行存款打交道,有较多的机会和条件挪用公款和将公款据为己有。出纳人员不应存有任何侥幸心理和私欲,一旦第一次伸出手,就会有第二次、第三次,最终走向犯罪。

(7) 坚持原则。出纳人员的工作是一种原则性很强的工作,很多利益关系都会体现在出纳工作之中,出纳人员切忌因私废公,为了面子和个人利益不敢得罪上级、同事,而是应当坚持原则,维护法律、法规的尊严。

小案例

> 李某是某分公司的出纳员,工作性质决定了她成天与大笔大笔的现金打交道。这个出生在富裕家庭、且从小娇生惯养的千金小姐,在人前大摆阔气,花钱大手大脚,购物从不讲价。在虚无缥缈的"有钱人家"、"管钱的"……奉承中,她渐渐忘乎所以。3 000多元的"台湾裙",买!2 000元一瓶的香水,拿!朋友做生意要3万元做本钱,借……然而,每月上千元的工资难以满足李某的欲望,她自然而然地产生了挪用公款的念头。只要手头没有钱花,李某就填上一张单位支票从银行取款,她每次提取成千上万的公款,就如同从自己银行户头上取钱一样,易如反掌,且心安理得。就这样折腾了一年多,总公司对财务进行检查,才发现公款被挪用的事实。然而,此时李某已挪用、贪污公款40多万元。另外,她以职务范围收到的数万元应上交的现金款也全部侵占。单位随即向检察机关报了案,李某最终受到了应有惩罚。

(二) 出纳人员的职责与权限

出纳是会计工作的重要环节,涉及的是现金收付、银行结算等活动,而这些又直接关系到职工个人、单位乃至国家的经济利益,工作出了差错,就会造成不可挽回的损失。因此,明确出纳人员的职责和权限,是做好出纳工作的起码条件。

1. 出纳人员的职责

(1) 按照国家有关现金管理和银行结算制度的规定,办理现金收付和银行结算业务。

(2) 审核原始凭证,编制收付款凭证并登记库存现金和银行存款日记账。

(3) 掌握银行存款余额,不准签发空头支票,不准出租出借银行账户为其他单位办理结算。

(4) 保管库存现金和各种有价证券(如国库券、债券、股票等)的安全与完整。

(5) 保管有关印章、空白收据和空白支票。

2. 出纳人员的权限

(1) 维护财经纪律,执行财会制度,抵制不合法的收支和弄虚作假行为。出纳员应认真学习、领会、贯彻财经法规,充分发挥出纳工作的"关卡"、"前哨"作用,为维护财经纪律、抵制不正之风作出贡献。

(2) 参与货币资金计划定额管理的权力。现金管理制度和银行结算制度是出纳员开展工作必须遵照执行的法规。这些法规,实际上是赋予了出纳员对货币资金管理的职权。

(3) 管好用好货币资金的权力。出纳工作每天和货币资金打交道,单位的一切货币资金往来都与出纳工作紧密相连,货币资金的来龙去脉,周转速度的快慢,出纳员都应清清楚楚。

(三) 出纳人员与会计人员的关系

在单位的财务工作中,会计与出纳是相互不可或缺的职业搭档,从所分管的账簿来看,会计可分为总账会计、明细账会计和出纳。出纳人员与会计人员之间既有紧密联系,又有明显的区别,他们是分工和协作的关系。

1. 各有各的分工

总账会计负责企业经济业务的总括核算,为企业经济管理和经营决策提供总括的全面的核算资料;明细分类账会计分管企业的明细账,为企业经济管理和经营决策提供明细分类核算资料;出纳则分管企业票据、货币资金以及有价证券等的收付、保管、核算工作,为企业经济管理和经营决策提供各种金融信息。

总体上讲,必须实行钱账分管。出纳人员不得兼管稽核和会计档案保管,不得负责收入、费用、债权债务等账目的登记工作;总账会计和明细账会计则不得管钱管物。

2. 互相依赖又互相牵制

出纳、明细分类账会计、总账会计之间有着很强的依赖性。它们核算的依据相同,都是原始凭证和记账凭证。这些作为记账依据的会计凭证,必须在出纳、明细账会计、总账会计之间按照一定的顺序传递,它们互相利用对方的核算资料,共同完成会计任务,不可或缺。

同时,它们之间又互相牵制与控制。出纳的库存现金和银行存款日记账与总账会计的库存现金和银行存款总分类账、总分类账与其所属的明细分类账、明细账中的有价证券与出纳账中相应的有价证券账,有金额上的等量关系。

3. 出纳与明细账会计的区别是相对的

出纳核算也是一种特殊的明细核算。它要求分别按照库存现金和银行存款设置日记账,银行存款还要按照存入的不同户头分别设置日记账,逐笔序时地进行明细核算。"库存现金日记账"要每天结出余额,并与库存数进行核对;"银行存款日记账"要在月内多次结出余额,与开户银行进行核对。它们在月末都必须按规定进行结账,月内还要多次出具报告单,报告核算结果,并与库存现金和银行存款总分类账进行核对。

4. 出纳工作是一种账实兼管的工作

出纳工作主要是现金、银行存款和各种有价证券的收支与结存核算,以及现金、有价证券的保管和银行存款账户的管理工作。现金和有价证券放在出纳的保险柜中保管;银行存款由出纳办理收支结算手续。

出纳既要进行出纳账务处理,又要进行现金、有价证券等实物的管理和银行存款收付业务。在这一点上,出纳和其他财会工作有着显著的区别。除了出纳,其他财会人员都是管账不管钱,管账不管物。

5. 出纳工作直接参与经济活动过程

货物的购销，必须经过两个过程：货物移交和货款结算。其中货款结算，即货物价款的收入和支付，必须通过出纳工作来完成；往来款项的结算、各种有价证券的经营以及其他金融业务的办理，更是离不开出纳人员的参与，这也是出纳工作的一个显著特点。其他财务工作，一般不直接参与经济活动过程，而只对其进行反映和监督。

（四）出纳人员与银行的关系

出纳人员在现金、银行存款、票据的收付和管理上不可避免地要与银行打交道，因此，与银行建立良好的关系，不仅有利于出纳人员各项业务的顺利开展，还可以在借款方面树立良好的信任基础，便于企业筹集资金。

三、出纳工作的组织

（一）出纳工作岗位的设置

各个单位的实际情况不同，出纳工作的组织内容也不尽相同，但无论哪一种形式，一般都要设置合理的出纳机构，配备必要的出纳人员，并建立各种内部工作规章制度等。

出纳机构一般设置在会计机构内部，如各企事业单位财务科、财务处内部设置专门处理出纳业务的出纳组、出纳室。《会计法》第二十一条第一款规定："各单位根据会计业务的需要设置会计机构，或者在有关机构中设置会计人员并指定会计主管人员。不具备条件的，可以委托经批准设立的会计咨询、服务机构进行代理记账。"会计法对各单位会计、出纳机构与人员的设置并没有硬性规定，而是让单位根据自身情况和实际需要来设定。因此单位应结合自身经济活动的规模、特点、业务量的大小等进行机构设置和人员配置。

以工业企业为例，大型企业可在财务处下设出纳科；中型企业可在财务科下设出纳室；小型企业可在财务股下配备专职出纳员。有些主管公司，为了资金的有效管理和总体利用效益，把若干分公司的出纳业务（或部分出纳业务）集中起来办理，成立专门的内部"结算中心"。这种"结算中心"，实际上也是出纳机构。

（二）出纳人员的岗位设置

一般来讲，实行独立核算的企业单位，在银行开户的行政、事业单位，有经常性现金收入和支出业务的企业、行政事业单位都应配备专职或兼职出纳人员，担任本单位的出纳工作。出纳人员配备的多少，主要决定于本单位出纳业务量的大小和繁简程度，以业务需要为原则，一般可采用一人一岗、一人多岗、一岗多人等几种形式：

（1）一人一岗。规模不大的单位，出纳工作量不大，可设专职出纳员一名。

（2）一人多岗。规模较小的单位，出纳工作量较小，可设兼职出纳员一名。如无条件单独设置会计机构的单位，至少要在有关机构中（如单位的办公室、后勤部门等）配备兼职出纳员一名。但兼职出纳不得兼管收入、费用、债权、债务账目的登记工作及稽核工作和会计档案保管工作。

（3）一岗多人。规模较大的单位，出纳工作量较大，可设多名出纳员，如分设管理收付的出纳员和管账的出纳员，或分设现金出纳员和银行结算出纳员等。

 小知识

出纳员三字经

出纳员,很关键;静头脑,清杂念。业务忙,莫慌乱;情绪好,态度谦。
取现金,当面点;高警惕,出安全。收现金,点两遍;辨真假,免赔款。
支现金,先审单;内容全,要会签。收单据,要规范;不合规,担风险。
账外账,甭保管;违法纪,又罚款。

 想一想

1. 什么是出纳工作?
2. 出纳人员应具备哪些基本素质?
3. 出纳人员应遵守哪些职业道德?
4. 出纳人员有哪些职责和权限?

 练一练

1. 某公司会计王某休病假,公司一时找不到合适人选,决定由出纳兼任王某的收入、费用账目的登记工作。你认为公司这样做合适吗?是否符合有关规定?

分析:

2. 某电子公司处理一批生产产品剩余的边角余料,取得收入 1 000 元。公司授意出纳李某将该笔收入在公司账册之外另行登记保管。李某这样做是否违背了有关规定?

分析:

3. 某施工单位为顺利签下一笔工程合同,拟向工程发包方有关人员支付好处费 10 万元。市场部经理持总经理的指示,到财务部申领该款项,财务部经理王某意识到该项支出不符合有关规定,支出后也不好做账,但考虑到总经理已做指示,该项目拿下后,会给企业带来 100 万元以上的利润,于是同意拨付该笔款项,并叮嘱市场经理想办法弄 10 万元费用发票,以便以后做账。你认为王某的行为违背了哪些规定?

分析:

任务二　现金业务核算

案例导入

都是"小金库"惹的祸

某工程公司的市场经营部和设计部是公司最重要的两个部门,为了稳定这两个部门的人才,老板决定在考勤、绩效考核以及激励制度方面给予他们特殊待遇,也就是多发奖金。市场经营部有不定期奖金,设计部有季度奖金和团队奖金。但奖金从哪里发?公司于是私设了一个"小金库"。虽是私设,但没有多久就已成为公司公开的秘密。其他部门尽管认同这两个部门的特殊贡献,但是一个公司也并不是这两个部门就可以运转起来的,这就引起了工程部等其他部门人员的不满。其他部门有了情绪,市场经营部和设计部在与他们协调工作时,往往遇到不太配合的情况,致使一些项目指标不能按时完成,追究责任时各个部门又相互推诿。公司因私设了一个"小金库"导致分配不公,陷入了失控状态。

学习目标

通过本任务内容的学习,使学生了解库存现金的管理内容;重点掌握库存现金的收支业务、现金日记账的登记以及库存现金的清查方法。

任务分解

一、现金的收付业务

现金收付业务包括现金收入和支出两方面内容。现金收入业务是指各单位在其所开展的生产经营和非生产经营性业务过程中取得现金的业务。现金收入的主要来源有:从银行

提取现金、职工出差报销时交回剩余借款、收取结算起点以下的零星销售收入款、收取对个人的罚款等。

现金支出业务是指各单位在其所开展的生产经营和非生产经营性业务过程中支出现金的业务。现金支出范围主要有：支付职工工资津贴、支付个人劳务报酬、支付向个人收购农副产品价款、出差人员差旅费、结算起点金额以下的零星支出等。

现金收付业务一般流程如图2-1所示。

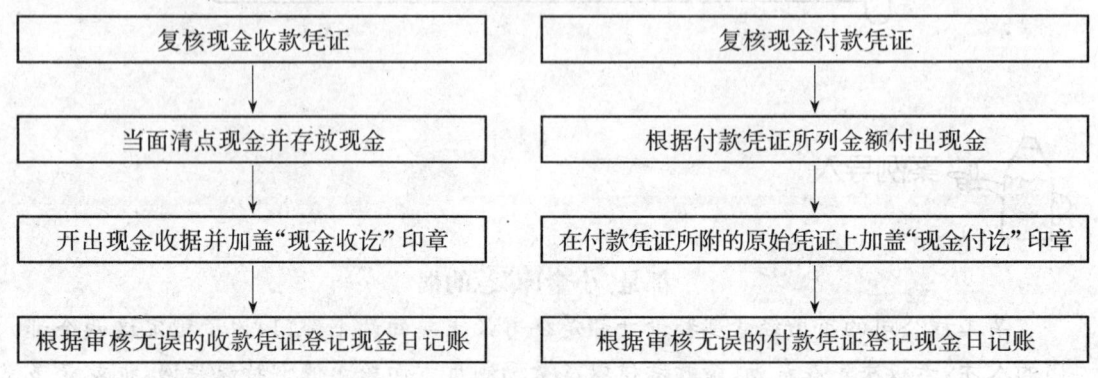

图2-1 现金收付款业务一般流程图

（一）现金收入管理的基本规定

1. 现金来源必须合理合法

各单位的现金收入有多种来源，无论哪种来源都必须符合有关规定和实际需要。单位应在国家规定的使用范围和限额内使用现金，从开户银行提取应写明用途，由本单位财务部门负责人签字或盖章，经开户银行审核后，予以支付现金，不得编造用途套取现金等。

2. 现金收入要坚持一笔一清

现金收款时，应一笔一清，几笔收款不能一起办理，以免混淆或调换；收款过程应在同一时间内完成，不准收款后，过一段时间再来开收据；对收入现金的收款收据应加盖"现金收讫"字样。对已完成的收款收据应加盖"现金收讫"字样，严禁收款不开"收款收据"。

3. 现金收入要及时送存银行

《现金管理暂行条例》第11条第2款明确规定："开户单位现金收入应于当日送存开户银行，当日送存确有困难的，由开户银行确定送存时间。"各单位收入的现金超过库存限额的，也应将超过限额的部分送存银行。比如，有的单位离开户银行较远，交通不便，可由开户银行确定送存时间。如果收进的现金是开户银行当天停止收款以后发生的，也应在第二天送存银行，不准擅自坐支现金。

4. 现金收入手续必须严格

为了防止差错和引起纠纷，收入现金时应先收款，当面清点现金数额，经复点无误后，再开给交款人"收款收据"，不能先开收据后收款。一切现金收入都应开具收款收据，即使有些现金收入已有对方付款凭证，也应开出收据交付款人，以明确经济责任。

(二)现金收入的处理程序

由于各单位的性质不同,相应地其从事的经济业务的性质也各不相同,因而在具体办理现金收款业务时,所采用的原始凭证的种类也各不相同。一般来说,涉及现金收款业务的原始凭证,可以分为以下三种。

1. 发票

发票是指企业、事业单位在购销商品、提供和接受劳务以及从事其他经营活动中开具、收取的收付款凭证。它是进行会计核算的原始凭证,也是税务机关进行税务稽查的重要依据。发票有专用发票和普通发票两种。

(1)增值税专用发票。

增值税专用发票是纳税人销售货物或提供劳务,按规定向购买者填开的,作为扣税凭证使用的增值税专用发票,只限于增值税一般纳税人领购使用,增值税的小规模纳税人和非增值税纳税人不得领购使用。

增值税专用发票如图2-2所示。

41001041　　　　　　　**河南增值税专用发票**　　　　　No 01364872

发　票　联　　　　　　　　　　　　　　　　开票日期：

购货单位	名　　　称：				密码区	（略）		第三联 发票联 购货方记账凭证
	纳税人识别号：							
	地址、电话：							
	开户行及账号：							
货物及应税劳务名称	规格型号	单位	数量	单价	金额	税率	税额	
合　　计								
价税合计(大写)								
销货单位	名　　　称：				备 注			
	纳税人识别号：							
	地址、电话：							
	开户行及账号：							

收款人：　　　　复核：　　　　开票人：　　　　销货单位(盖章)：

图2-2　增值税专用发票

填写说明：

① 开票日期按公历用阿拉伯数字填写;单位名称填写全称,地址、电话不省略;纳税人识别号按全国统一的税务登记证件代码(十五位数)填写。开户银行及账号按购货单位开户行名称和支票注明账号填写。

② "货物及应税劳务名称"栏可填写货物名称或应税劳务种类等,不同货物或应税劳务名称应分别填列,一份发票最多填写八种货物或应税劳务名称。

③"规格型号"、"计量单位"、"数量"栏应填写货物的规格型号、计量单位和数量。

④"金额"栏应填写不含税销售之和,单位、数量、单价的合计栏不填写。

⑤"税率"栏应填写依据税收法规所确定的税率,税率合计栏不填写。

⑥"价税合计"栏应填写金额合计加税额合计之和,并用汉字大写数字和阿拉伯数字同时填写。

⑦"销货单位"和"名称"、"纳税人识别号"、"地址"、"电话"、"开户银行及账号"等可以事先填写,上述项目一经发生变化应立即变更。

⑧"收款人"栏由收款人(开票人)签字或盖章,姓名不得省略。"销货单位"栏应加盖在税务机关的发票发售部门预留印鉴的"发票专用章"。

⑨增值税专用发票基本联次的用途。

增值税发票一式三联:第一联为记账联,购货方作为记账凭证;第二联为抵扣联,销货方作为扣税凭证;第三联为发票联,购货方作为付款的记账凭证。

从 2000 年开始,我国陆续开始实行增值税防伪税控系统,增值税发票由指定的票据打印软件打印出来,但要注意填写时不能缺项。

(2) 普通发票。

普通发票是纳税人销售货物或提供劳务,按规定向购买者填开的。

普通发票如图 2-3 所示。

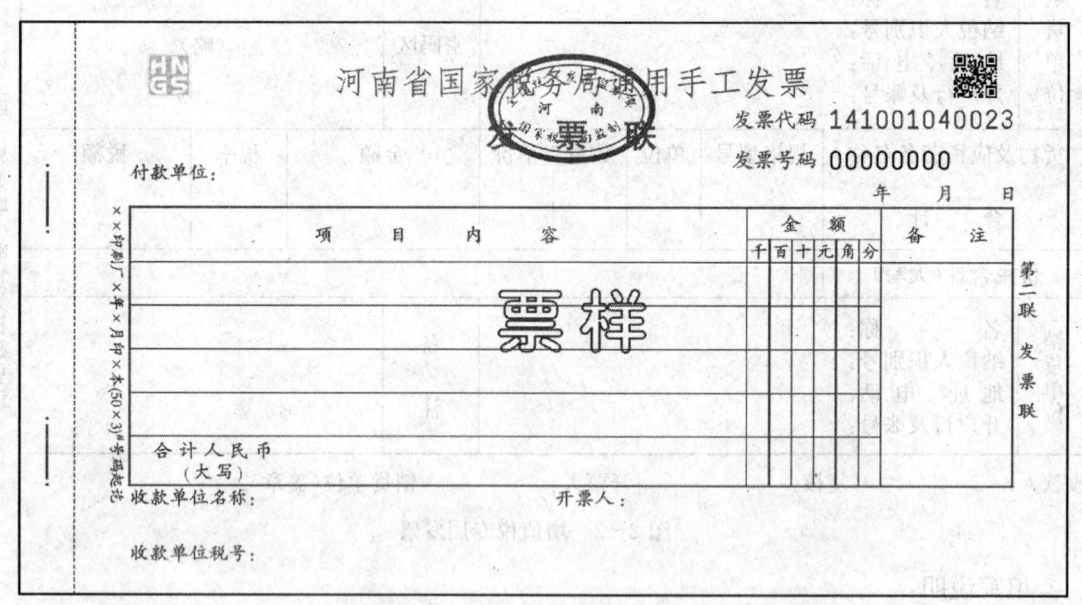

图 2-3 普通发票

填写说明:

① 开票日期按当天销货日期填写。

② 付款单位应填写付款人的全称。

③ 项目内容填写货物名称或劳务种类。

④ 分大小写金额填写，由开票人签字、收款单位盖章。

2. 非经营性收据

非经营性收据指国家机关、事业单位等按规定收取规费和咨询服务费用时所开具的收款收据。非经营性收据由国家财政部门统一印制或加盖监制章。国家机关、事业单位在按规定收取各种规费和服务费用时必须开具非经营性收据。

非经营性收据如图2-4所示。

```
┌─────────────────────────────────────────────────────────────┐
│           河南省统一财务收款收据      票据代码：410010001      │
│              (河南省财政厅票据监制章)   豫财综 GB[2003]       │
│                   年  月  日             No 7268114          │
│                                                              │
│ 今收到_____        │
│ 交  来_____   第   │
│ 人民币(大写)                              ¥_____        二 │
│ ┌───┬──────────────────────────────────────────────┐   联   │
│ │说 │1.本收据用于收费、基金以外的单位与单位之间、单位│       │
│ │   │内部各部门之间及单位与个人之间发生的各种资金往来│   收   │
│ │明 │结算业务。2.本收据禁止用于收取行政事业性收费、政│   据   │
│ │   │府性基金，否则按违反"收支两线"予以处罚。       │   联   │
│ └───┴──────────────────────────────────────────────┘       │
│ 收款单位(章)：     开票人：        收款人：                  │
└─────────────────────────────────────────────────────────────┘
```

图2-4 非经营性收据

3. 内部收据

内部收据一般适用于单位内部职能部门或与职工之间的现金往来及与外部单位和个人之间的非经营性现金往来。比如，职工向单位交纳的水电费、房租等。收款单位根据交款人交来的款项填写收据，应写明交款单位、交款的原因和数额；当面清点交款数额后，将收据交给交款人收存。

内部收据如图2-5所示。

```
┌─────────────────────────────────────────────────────────────┐
│                    收     据                                 │
│                                           NO   0013587       │
│                  年    月    日                              │
│ 今收到_____        │
│ 交  来_____        │
│ 人民币_____   ¥_____           │
│                                          ┌────┐  ┌────┐    │
│ 收款单位                                 │收  │  │交  │    │
│ 公  章                                   │款  │  │款  │    │
│ 第三联  记账凭证                         │人  │  │人  │    │
│                                          └────┘  └────┘    │
└─────────────────────────────────────────────────────────────┘
```

图2-5 内部收据

(三) 现金支出管理的基本规定

(1) 明确支出的金额和用途。出纳员支付每一笔资金的时候，一定要知道准确的付款金额，合理安排资金。

① 明确收款人。出纳员必须严格按有关凭据记载的收款人进行付款，对于代收款的，应当出具原收款人证明材料并与原收款人核实后，方可办理手续。

② 明确付款用途。对于用途不明的、不合法、不合理的应予拒付。

(2) 付款审批。由经办人填制现金付出凭证，注明付款金额和用途。

① 有关证明人的签章。对于付款用途中涉及实物的，应由仓库保管员签收。

② 有关领导的签字。经办人持有关凭据，报有关领导审阅并签字。

③ 到财务部门办理付款。经办人持内容完整的凭据，报会计审核后，由出纳办理付款。

(3) 办理付款。付款是资金支出中最关键的一环，因为款项一旦付出，发生差错是很难追回的，因此必须核实付款金额、用途及有关审批手续。现金付款时，双方应当面点清。

(四) 现金支出的处理程序

现金支出业务可分为外来凭证和自制凭证。外来凭证要由提供货物或提供劳务的供货方填写，如购货发票、车船票等。自制凭证则在本单位发生付款业务时由本单位统一制作。

常见的付款凭证有以下几种：

(1) 工资表。工资表上按每个员工的工资数计算工资总额，可以通过银行代发，也可以现金支付。工资表如图 2-6 所示。

工　资　表

年　月　日

序号	应发数								扣除数				实发数	
	职工姓名	基础工资	职务工资	提成工资	工龄工资	医药补贴	全勤工资	误餐补贴	应发合计	个人统筹	个人税款	失业保险	缺勤工资	实发工资	职工签字
1															
2															
3															
4															
5															
合计															

图 2-6　工资表

(2) 报销单。报销单是各单位有关人员为单位购买零星物品，接受外单位或个人劳务费或服务而办理报销业务。报销单如图 2-7 所示。

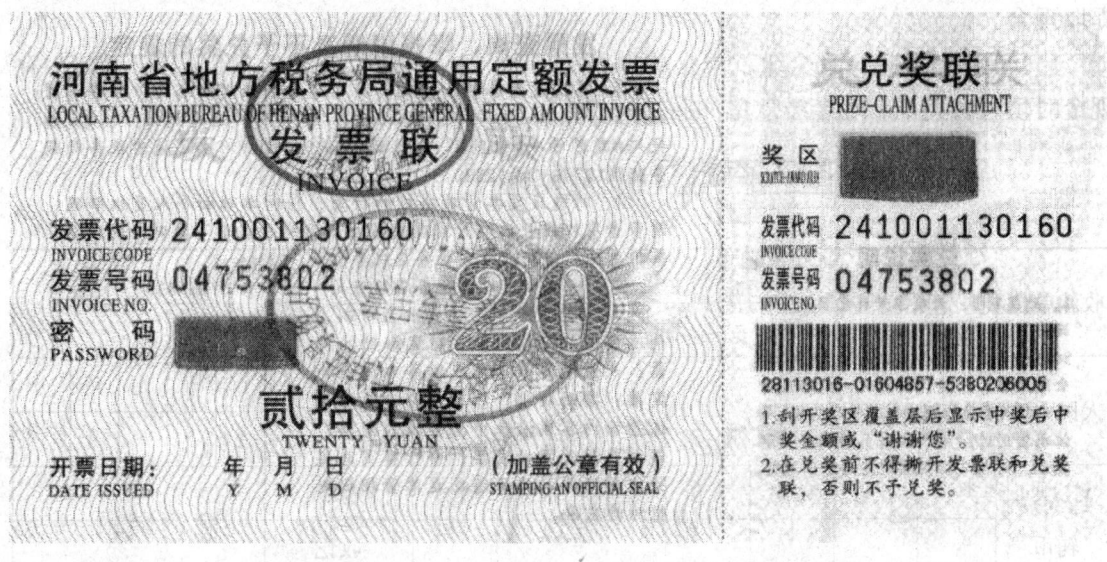

图2-7 报销单

(3) 借款借据。一般适用于单位内部所属机构为零星办公用品或职工因公出差等原因向出纳员借款的凭证。借据如图2-8所示。

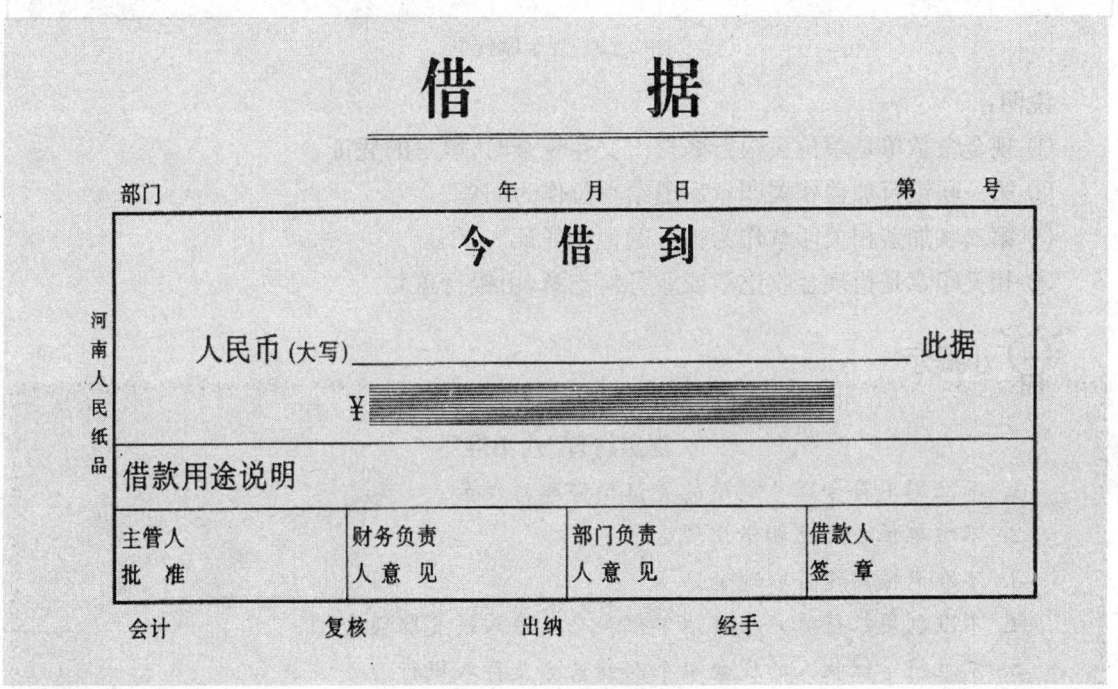

图2-8 借据

借款单说明：
① 借款人经有关部门领导批准填写借款单，并送交财会部门办理收款手续。
② 财会部门对借款单审核无误后准予借款，支付现金，或开现金支票由借款人去银行

提取现金。

（4）现金缴款单。现金缴款单是单位去银行账户上（本单位或其他单位的银行账户）存现金时填写的凭证。现金缴款单如图2-9所示。

中国工商银行现金缴款单　（回单）　①

年　月　日

收款单位	全称						款项来源									
	账号						开户银行		缴款单位							
人民币（大写）							千	百	十	万	千	百	十	元	角	分
辅币	类别	五角	贰角	壹角	五分	贰分	壹分	收款员								
	张数							收讫								
								复核员								
主币	券别	壹佰元	伍拾元	贰拾元	拾元	伍元	贰元				壹元					
	张数															

图2-9　现金缴款单

说明：

① 现金缴款单是单位去银行账户上交存现金时，填写的凭证。

② 第一联银行加盖相关印章后退给单位作为回单。

③ 第二联加盖相关印章作为银行的记账凭证。

④ 相关印章是指现金收讫章或业务清讫章（由银行盖）。

 小提示

现金管理"八不准"

1. 不准用不符合财务制度的凭证顶替库存现金。
2. 不准单位之间互相借用现金。
3. 不准谎报用途套取现金。
4. 不准利用银行账户代其他单位和个人存入或支取现金。
5. 不准将单位收入的现金以个人储蓄名义存入银行。
6. 不准保留账外公款（即小金库）。
7. 不准发行变相货币。
8. 不准以任何票券代替人民币在市场上流通。

二、现金日记账的设置与登记

现金日记账通常由出纳人员根据审核后的现金收、付款凭证或银行付款凭证，逐日逐笔顺序登记。每天业务终了时，出纳员要结出本日余额，同时还应将账面余额与库存现金余额进行核对，保证账款相符。

1. 现金日记账的设置

企业创立开始经营时，为了加强现金收支管理，出纳员必须及时设置现金日记账来登记现金的收、付、存的情况。现金日记账的格式一般有"三栏式"、"多栏式"和"收付分页式"三种。在实际工作中大多采用的是"三栏式"账页格式。企业应按币种设置现金日记账进行明细分类核算。

2. 现金日记账的登记

(1) 账簿启用表的填制。

现金日记账在启用时，首先要按规定内容逐项填写"账簿启用表"和"账簿目录表"。在账簿启用表中，应写明单位名称、账簿名称、账簿编号和启用日期；在"经管人员"一栏中写明经管人员姓名、职别、接管或移交日期，由会计主管人员签名盖章，并加盖单位公章。在一本日记账中设置有两个以上现金账户的，应在第二页"账户目录表"中注明各账户的名称和页码，以方便登记和查核。

(2) 现金日记账的登记规则。

① 认真审核收、付款记账凭证的内容。

② 账簿中的日期应与记账凭证上所记录的经济业务日期一致。

③ "凭证号数"应填制记账凭证的种类和号码，证明登记账簿的依据。

④ "摘要"应简明扼要地记录经济业务的内容。

⑤ "对方科目"应填入对应账户的名称，表示业务的来龙去脉。

⑥ "借方栏"、"贷方栏"应将记账凭证中的金额登记到现金日记账相应方向的金额栏中。现金增加登记到"借方"，现金减少登记到"贷方"。

⑦ "余额"：本日余额＝本日期初余额＋本日收入发生额合计－本日支出发生额合计。

3. 结账

现金日记账要做到日清月结，每日要结出余额，以便与实存现金进行核对；月末要结出本月发生额及月末余额，并在发生额及余额栏下方画一条单红线，表示结账。每年年末需要计算本年度借方发生额合计、贷方发生额合计及年末余额，并将年末余额结转到下年度新的库存现金日记账的年初余额栏中。

4. 现金日记账的保管

出纳员在将上一年的旧账对账、结账完毕后，要及时地将日记账交由档案人员造册归档，并登记"会计账簿归档登记表"，以明确责任。

例：郑州黄河科技公司2014年2月有关现金收付业务如下：

(1) 2日，销售 A 产品 10 件，收到现金 3 510 元。

借：库存现金 3 510
　　贷：主营业务收入 3 000
　　　　应交税费——应交增值税（销项税额） 510

(2) 2日，向银行送存现金业务收入 3 510 元。

借：银行存款 3 510
　　贷：库存现金 3 510

(3) 2日，收到某单位租用设备押金 400 元。

借：库存现金 400
　　贷：其他应付款——某单位 400

(4) 2日，开出现金支票，提取现金 42 000 元。

借：库存现金 42 000
　　贷：银行存款 42 000

(5) 2日，发放工资 42 000 元。

借：应付职工薪酬 42 000
　　贷：库存现金 42 000

(6) 2日，销售科领用备用金 400 元。

借：其他应收款——备用金（销售科） 400
　　贷：库存现金 400

(7) 2日，出纳员李娜赔前一天短款 40 元。

借：库存现金 40
　　贷：其他应收款——李娜 40

(8) 2日，收到职工李红还回的借款 400 元。

借：库存现金 400
　　贷：其他应收款——李红 400

(9) 2日，总务科王刚报销差旅费，补付现金 952 元。

借：销售费用 952
　　贷：库存现金 952

现金日记账如图 2-10 所示。

现金日记账

2014年		凭证编号	摘要	对方科目	借方 千百十万千百十元角分	贷方 千百十万千百十元角分	余额 千百十万千百十元角分
月	日						
2			期初余额				1 2 0 0 0 0
2		1#	零售产品	主营业务收入	3 5 1 0 0 0		
2		2#	送存银行	银行存款		3 5 1 0 0 0	
2		3#	收押金	其他应付款	4 2 0 0 0 0		
2		4#	提取现金	银行存款		4 2 0 0 0 0	
2		5#	发放工资	应付职工薪酬		4 0 0 0 0 0	
2		6#	销售科借款	其他应收款		4 0 0 0 0	
2		7#	收刘员赔款	其他应收款	4 0 0 0		
2		8#	李红还款	其他应收款	4 0 0 0 0		
2		9#	王刚报销差旅费	销售费用		9 5 2 0 0	
			本日合计		4 6 3 5 0 0 0	4 6 8 6 2 0 0	6 8 8 0 0
							6 8 8 0 0

图 2-10 现金日记账

三、现金的清查

库存现金的清查是通过实地盘点的方法,确定库存现金的实存数,再与现金日记账的账面余额进行核对,以查明盈亏情况。

一般来说,现金清查多采用突击盘点的方法,不预先通知出纳员,以防预先做手脚,盘点时间最好在一天业务没有开始之前或一天业务结束后。盘点前,出纳人员应先将现金收、付款凭证等全部登记入账,并结出余额;盘点时,出纳人员必须在场,现金应逐张清点,如发现盘盈、盘亏,必须会同出纳人员核实清楚,除查明账实是否相符外,还要查明有无违反现金管理制度规定,有无以"白条"抵充现金,现金库存是否超过银行核定的限额,有无坐支现金等;盘点结束后,应根据盘点结果,填制"库存现金盘点报告表",并由检查人员和出纳人员签名或盖章。此表具有双重性质,既是盘存单又是账存实存对比表,既是反映现金实存数调整账簿记录的重要原始凭证,也是分析账实发生差异原因、明确经济责任的依据。

库存现金盘点表如图 2-11 所示。

库存现金盘点表

单位名称(盖章):
清查基准日:　　　　　　　编制人:　　　　　　　　　日期:
币种:　　　　　　　　　　复核人:　　　　　　　　　日期:

清查日清点现金			核对账目	
货币面额	张数	金额	项目	金额
100元			基准日现金账面余额	
50元			加:清查基准日至清查日的现金收入	
20元			减:清查基准日至清查日的现金支出	
10元			加:跨日收入	
5元			减:跨日借条	
2元			调整后现金余额	
1元			实点现金	
5角			长款	
2角			短款	
1角				
5分				
2分				
1分				
实点合计				

单位负责人:　　　　　财务负责人:　　　　　出纳员:　　　　　日期:

图 2-11 库存现金盘点表

想一想

1. 现金收入的主要来源有哪些？现金支出范围主要有哪些？
2. 现金支出管理的基本规定有哪些？
3. 现金管理"八不准"是什么？
4. 现金日记账的登记有哪些规定？
5. 现金盘点应采用什么方法？在盘点过程中应注意哪些事项？

练一练

一、单项选择题

1. 根据《现金管理暂行条例》的要求，结算起点为（　　）。
   A. 1 000元以下　　B. 1 000元　　C. 2 000元以下　　D. 2 000元
2. 采购人员预借差旅费，以现金支付，应借记（　　）账户核算。
   A. "库存现金"　　B. "管理费用"　　C. "其他应收款"　　D. "其他应付款"
3. 在清查过程中发现的现金溢余，应贷记（　　）账户。
   A. "营业外支出"　　B. "营业外收入"　　C. "其他应收款"　　D. "管理费用"
4. 以现金方式收取包装物押金时，收款方的会计分录为（　　）。
   A. 借：库存现金　　　　　　　　　　B. 借：库存现金
   　　贷：其他业务收入　　　　　　　　　贷：其他应付款
   C. 借：库存现金　　　　　　　　　　D. 借：库存现金
   　　贷：主营业务收入　　　　　　　　　贷：应付账款
5. 《现金管理暂行条例》规定，库存现金的限额为企业（　　）天的日常零星开支金额。
   A. 3～5　　B. 5～8　　C. 10　　D. 15

二、多项选择题

1. 采购员报销差旅费涉及的账户有（　　）。
   A. "库存现金"　　B. "管理费用"　　C. "其他应收款"　　D. "其他应付款"
2. 按照《现金管理暂行条例》，下列属于现金使用范围的有（　　）。
   A. 支付职工工资、津贴　　　　　　B. 出差人员必须随身携带的差旅费
   C. 收购农副产品　　　　　　　　　D. 支付城乡居民个人的劳务报酬
3. 出纳人员在做现金收入时，主要依据的原始凭证是（　　）。
   A. 发票　　　　　　　　　　　　　B. 现金支票存根
   C. 收款收据　　　　　　　　　　　D. 非经营性收据
4. 现金支出业务内容包括（　　）。
   A. 发放工资业务

B. 向外单位购买货物、接受劳务而支付现金的业务
C. 费用报销业务
D. 现金存入银行以及向有关部门支付备用金

5. 关于单位现金库存限额,下列说法中,正确的有( )。
   A. 单位现金库存限额由单位负责人决定
   B. 库存限额一经确定,单位必须严格遵守
   C. 库存限额一般是单位3~5天的日常零星开支
   D. 对于边远地区和交通不便地区的开户单位,其库存限额可多于5天,但不得超过15天的日常零星开支

三、判断题

1. 企业现金收入当日一定要送存银行。( )
2. 在进行现金清查时,出纳人员不得在场。( )
3. 各种劳保、福利费用以及国家规定对个人的其他支出,如抚恤金、学生奖学金、丧葬补助费可以以现金支付。( )
4. 在购买零星办公用品后,经办人员必须填写费用报销单,请有关领导签字,否则财会人员不能给予报销。( )
5. "现金缴款单"一式两联,应用双面复写纸填写,交款日期必须填写交款当日,缴款单位名称应当填写全称,款项来源如实填写。( )

四、实训题

1. 郑州黄河科技有限公司2014年2月10日向银行存入一笔销货款,金额为3 800元,其中100元面额30张,50元面额10张,10元面额30张。

公司开户银行:交通银行市支行;账号:41106040577。

要求:根据上述资料填写现金缴款单。

交通银行现金缴款单　(回单)　①

年　月　日

收款单位	全称				款项来源								
	账号				开户银行		缴款单位						
人民币(大写)					千	百	十	万	千	百	十	元	角	分
辅币	类别	五角	贰角	壹角	五分	贰分	壹分	收款员					
	张数							收讫					
								复核员					
主币	券别	壹佰元	伍拾元	贰拾元	拾元	伍元	贰元	壹元					
	张数												

2. 2月18日,采购员张峰出差回来报销差旅费,原借款3 000元。每天补助60元,总共补助60(元)×10(天)。

要求:根据有关票据填写凭证。

出差旅费报销表

姓名		职别			地点					
出差事由:		起止时间:		年 月 日起		年 月 日止				

月	日	起讫地点	出差补助		车船费			杂支		住宿		合计金额
			天数	金额	船费	火车	汽车	其他 单据	金额	标准	金额	

金额(大写)			预支		核销	
审核		出差人			年 月 日	

附件 张

郑州 售

郑州 —D132次→ 北京西
Zhen zhou　　　　　Beijingxi
2014年02月08日07:20开　05车019号
¥256.00　　　　　一等座
限乘当日当次车

郑州 售

北京西 —D135次→ 郑州
Beijingxi　　　　　Zhen zhou
2014年02月17日16:40开　03车02号
¥256.00　　　　　一等座
限乘当日当次车

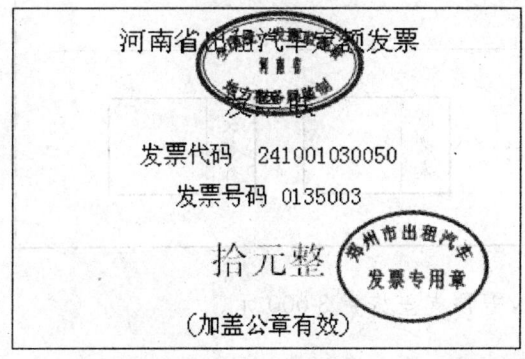

河南省出租汽车定额发票
发票代码　241001030050
发票号码　0135003
拾元整
(加盖公章有效)

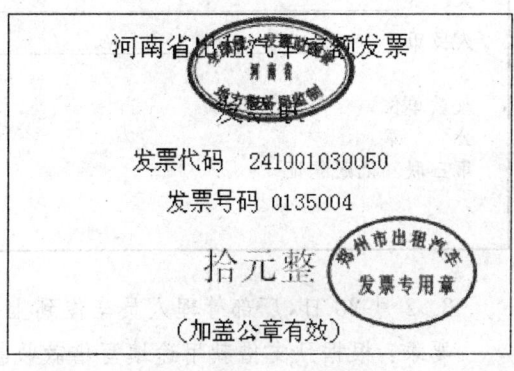

河南省出租汽车定额发票
发票代码　241001030050
发票号码　0135004
拾元整
(加盖公章有效)

服务业专用发票

发 票 联

客户名称：郑州黄河科技有限公司　　　　　　　　2014年2月17日

项目名称	单位	数量	单价	金额 百 十 万 千 百 十 元 角 分
住宿费	天	9	158.00	1 4 2 2 0 0
	小写金额合计 Total Amount			¥ 　1 4 2 2 0 0
	合计金额（大写）	⊕拾⊕万壹仟肆佰贰拾贰元零角零分		

（景阳公寓　税号：11010823456　专用章）

收款单位(盖章有效)：　　　　地址：

二、发票联

收　　据

NO　0013587

　　　　年　　月　　日

今收到_____

交　来_____

人民币_____ ¥

收款单位
公　　章
第三联　记账凭证

　　　　　　　　　　　收款人　　　　交款人

---

3. 2月20日，厂部管理人员李俊到上海出差，需预支差旅费3 000元。

要求：根据预支借款用途填写借款收据。

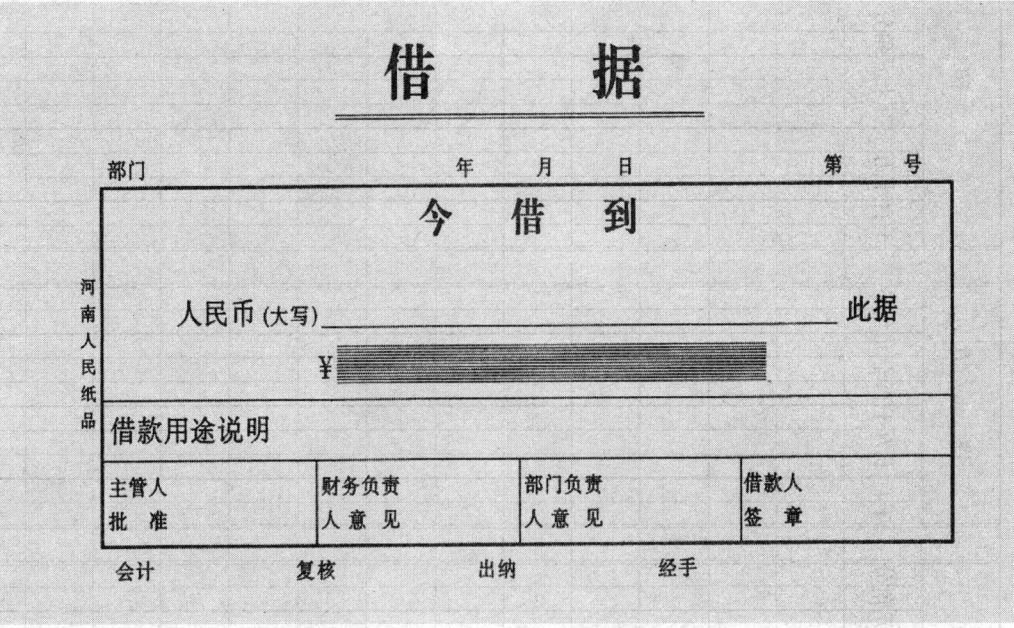

4. 根据以下经济业务登记三栏式现金日记账。现金日记账期初余额为3 500元。

(1) 2日,销售商品收到现金3 800元。

(2) 2日,将销售款3 800元存入银行。

(3) 5日,出租包装物,收到租金1 000元现金。

(4) 10日,行政部门购买办公用品预借备用金800元。

(5) 14日,将一台回收的残料价值200元的报废设备出售,收到现金。

(6) 16日,收到出纳员王芳赔款20元。

(7) 18日,用现金支付报废固定资产的清理费用1 000元。

(8) 20日,行政部门购买办公用品750元凭发票报销,交回多余现金50元。

(9) 22日,采购员李华出差归来,报销差旅费1 150元,补付现金150元,结清原借款,此款已入账。

(10) 25日,行政部门报销餐费380元,以现金支付。

(11) 28日,支付公司周瑜生活困难补助500元,以现金支付。

要求:根据上述资料填制现金日记账。

考核标准:

登记现金日记账考核标准

训练评价等级	训练评价标准
优	熟练快速准确地登记每一笔现金业务,账面清晰,文字规范,数字准确
良	能够分别在30分钟内登记整套现金收付业务
合格	能够在40分钟内登记整套现金收付业务

现金日记账

年		凭证编号	摘要	对方科目	借方									贷方									余额								
月	日				千	百	十	万	千	百	十	元	角	分	千	百	十	万	千	百	十	元	角	分	千	百	十	万	千	百	十	元	角	分

5. 2月28日,财务处对现金日记账及库存现金进行清查,现金日记账当日余额为1 940元,但盘点库存现金时,100元10张、50元10张、20元5张、10元8张、5元2张。

(1) 经盘点,发现一张借据200元。

(2) 处理废品收到现金160元。

(3) 支付购买办公用品230元。

要求:填写库存现金盘点表,进一步查明长、短款原因。

库存现金盘点表

单位名称(盖章):
清查基准日:　　　　　编制人:　　　　　　　日期:
币种:　　　　　　　　复核人:　　　　　　　日期:

清查日清点现金			核　对　账　目	
货币面额	张数	金额	项　目	金额
100元			基准日现金账面余额	
50元			加:清查基准日至清查日的现金收入	
20元			减:清查基准日至清查日的现金支出	
10元			加:跨日收入	
5元			减:跨日借条	
2元			调整后现金余额	
1元			实点现金	
5角			长款	
2角			短款	
1角				
5分				
2分				
1分				
实点合计				

单位负责人:　　　　　财务负责人:　　　　　出纳员:　　　　　日期:

考核标准:

库存现金清查考核标准

训练评价等级	训练评价标准
优	能够熟练准确进行业务处理
良	能在10分钟之内完成指定任务
合格	能在20分钟之内完成指定任务

任务三 银行业务核算

案例导入

不该采用的银行结算方式

2014年4月18日,深圳新意公司与江西粮油公司签订大米购销合同。4月25日,新意公司出纳员沈某依照合同到该开户银行营业部办理货款电汇,银行经过审查,受理了凭证,并加盖"受理凭证专用章"。沈某持此金额9万元电汇回单,交给江西粮油公司常驻深圳的业务员姜某,姜某随即将回单电传回公司。4月27日,江西粮油公司发货运至深圳交给新意公司,但迟迟收不到电汇款,后派人前往银行查询,银行因新意公司账上款项不足,没有转账,已通知深圳新意公司。5月8日,江西粮油公司多次追款没有结果,认为新意公司以空头电汇回单欺骗他们,银行予以受理有过错,两者应连带承担民事责任,故向某区法院提起诉讼。如果你是出纳员,你认为银行这种做法是否按规定履行了工作职责?新意公司是否履行合同中的付款义务?江西粮油公司应选择哪一种结算方式?这些问题将在下面为你解答。

学习目标

通过本任务内容的学习,使学生了解银行结算方式的种类及内容;重点掌握银行存款的收支业务、银行存款日记账的登记方法以及银行存款余额调节表的编制。

任务分解

银行结算方式主要有支票、银行汇票、银行本票、商业汇票、汇兑、委托收款、托收承付、信用卡等。各种结算方式按照结算双方所在地区不同,可分为同城结算和异地结算。同城结算是指收付款双方在同一城镇(同一票据交换区)的结算;异地结算是指收付款双方不在同一城镇的结算。

银行结算方式如图 3-1 所示。

结算方式	适用地域	起点	期限	可否背书转让	种类	备注
银行汇票	同城		1 个月	可		一律记名,逾期兑付银行不予办理
	异地					
商业汇票	同城		最长不超过 6 个月	可	商业承兑汇票	一律记名,必须订有购销合同商品交易
	异地				银行承兑汇票	
银行本票	同城	定额面额 1 000 元 5 000 元 10 000 元 50 000 元 不定额 100 元	最长不超过两个月	可	定额不定额	一律记名,逾期后兑付银行不予受理,但签发银行可办理退款手续
支票	同城	100 元	10 天	可	现金支票	现金支票只能用于提取现金,转账支票只能用于转账
					转账支票	
	异地				普通支票	
					划线支票	
汇兑	异地				信汇、电汇	
委托收款	同城		3 天		邮划、电划	
	异地					
托收承付	异地	1 万元,新华书店系统每笔起点为 1 000 元	验单付款 3 天,验货付款 10 天		邮划、电划	有经济合同的商品交易由此引起的劳务供应
信用卡	同城	不得用于 10 万元以上结算			金卡、普通卡	信用卡资金一律从基本存款户转入
	异地					

图 3-1 我国现行的支付结算体系

注:中国人民银行于 2007 年 6 月 25 日建成全国支票影像交换系统,实现了支票在全国范围内的互通使用,企事业单位和个人持任何一家银行的支票均可在境内所有地区办理支付。

一、银行存款的收付业务

银行存款收付业务是企业常见的业务,通常有销售款、现金存入银行款、存款利息收入、收到赔款、汇票结算余款退回款、股东投资款等。

银行存款付款业务通常有购入货物、支付费用、上交税金、提取现金、支付赔款、对外投资款等。

银行收付业务一般流程如图3-2所示。

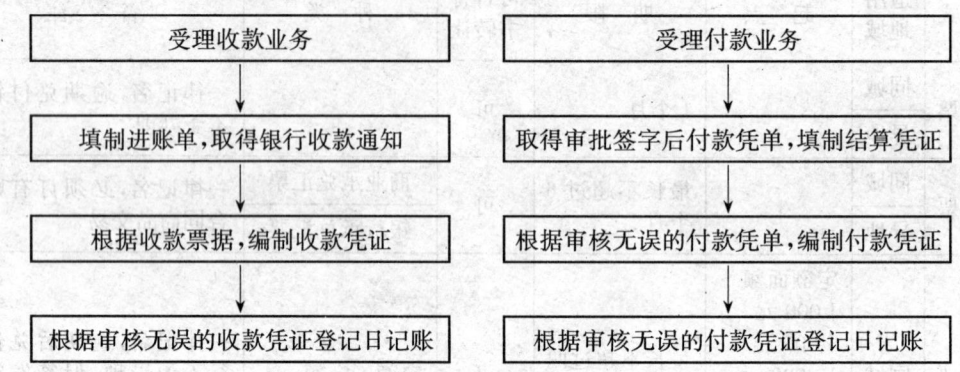

图3-2 银行收付款业务一般流程图

(一) 支票结算

1. 支票结算的使用范围

支票是由出票人签发的，委托办理支票存款业务的银行或其他金融机构在见票时无条件支付确定的金额给收款人或者持票人的票据。分为现金支票、转账支票和普通支票三种。

现金支票：是开户单位用于向开户银行提取现金的凭证，只能用于向银行提取现金，不能办理转账。

转账支票：是用于同城或异地单位之间的商品交易、劳务供应或其他款项往来的结算凭证，只能用于转账结算，而不能用于提取现金。

普通支票：既可以用来支付现金，亦可以用来转账，根据票据法规定，普通支票用于转账时，应当在支票正面注明，一般是在支票左上角画两条平行线，画线支票只能用于转账，不得支取现金；未画线者可用于支取现金。

2. 支票结算基本规定

(1) 支票一律记名；

(2) 支票的付款提示期为10天；

(3) 支票的金额起点为100元；

(4) 签发支票应使用墨汁、碳素墨水或蓝黑墨水填写，未按规定填写，被涂改冒领的，由签发人负责；

(5) 签发人必须在银行账户余额内按照规定向收款人签发支票；

(6) 已签发的现金支票遗失，可以向银行申请挂失；

(7) 已签发的转账支票遗失，银行不予受理挂失，可请求收款人协助防范。

3. 转账支票收款结算的办理方法

收款方收到付款方交来的支票后,首先应对支票进行审核,然后背书,填写"进账单",一并交开户银行办理入账即可。也可直接向付款单位开户行提示付款。

支票送存银行的业务流程如图3-3所示。

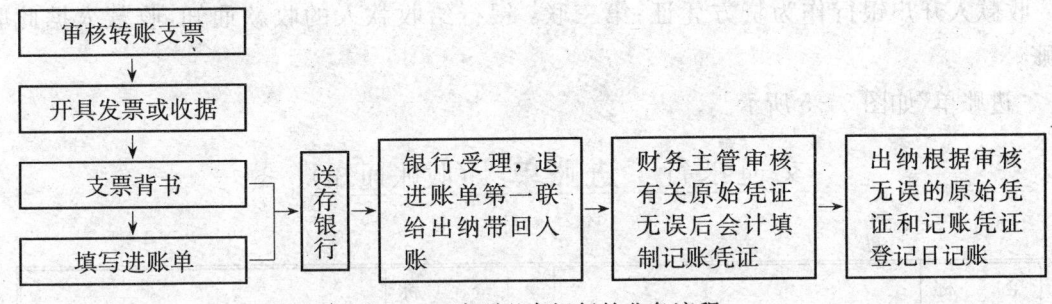

图3-3 支票送存银行的业务流程

(1) 收到支票在审查时应注意的问题:① 支票是否用碳素墨水填写清晰;② 支票的各项内容是否填写齐全;③ 查看支票的出票日期,看看截止存款日是否在支票的付款期内;④ 如果是背书转让的支票,其背书是否正确,是否连续;⑤ 填写进账单前,看是否加盖了自己单位预留的银行印鉴。

(2) 转账支票背书的填写。

背书是指在票据背面或者粘单上记载有关事项并签章的票据行为,持票人在提示付款期限内,委托开户银行收款。

转账支票背书如图3-4所示。

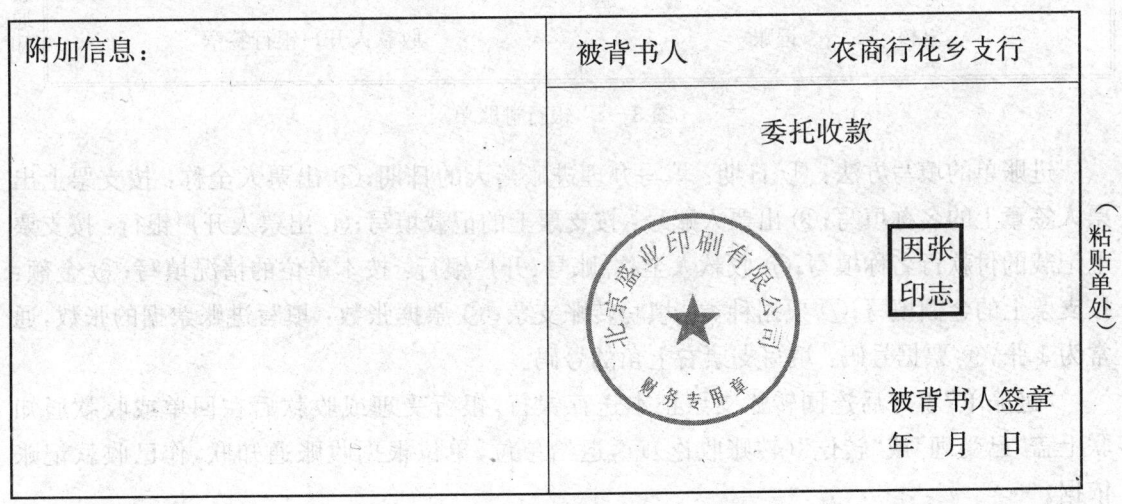

图3-4 转账支票背书

转账支票背书的填写方法:① 加盖收款单位财务专用章及法人章;② 填写收款人开户银行名称和委托收款字样;③ 实际进账日期;④ 附加信息可不填写。

注意：不能有任何错别字，不得涂改。

（3）转账支票进账单的填写。

"进账单"是存款人向开户银行存入从外单位取得的转账支票等，委托银行收款时填制的单证。"进账单"基本联次为三联。第一联：银行交给收款人的回单，受理回单；第二联：收款人开户银行作为贷方凭证；第三联：银行给收款人的收款通知，收款人据此联记账。

"进账单"如图3-5所示。

交通银行　进账单　（收账通知）　3

年　月　日

出票人	全称			收款人	全称											此联是收款人开户银行交给收款人的收账通知
	账号				账号											
	开户银行				开户银行											
金额	人民币（大写）					亿	千	百	十	万	千	百	十	元	角	分
票据种类		票据张数														
票据号码																
	复核　　记账				收款人开户银行签章											

图3-5　银行进账单

进账单的填写方法：① 日期：填写办理进账当天的日期；② 出票人全称：按支票上出票人签章上的名称填写；③ 出票人账号：按支票上的记载填写；④ 出票人开户银行：按支票上记载的付款行名称填写；⑤ 收款人全称、账号、开户银行：按本单位的情况填写；⑥ 金额：按支票上的金额填写；⑦ 票据种类：填写转账支票；⑧ 票据张数：填写进账票据的张数，通常为1张；⑨ 票据号码：填写支票右上角的号码。

"进账单"填好后连同转账支票正本送存银行，银行受理或收款后在回单或收款通知联上盖"已受理"或"转讫"（转账收讫）章，退给单位，单位根据收账通知联，作已收款记账依据。

4. 转账支票付款结算的办理方法

采用转账支票付款结算时，由付款方按规定要求填写转账支票，加盖有关印鉴后，撕下右边正联交给收款方，留下左边存根联作为本单位记账的原始凭证。

转账支票如图3-6所示。

中国工商银行	中国工商银行　转账支票　Ⅹ Ⅵ00003358
转账支票存根 Ⅹ Ⅵ00003358 附加信息＿＿＿＿＿＿＿＿＿＿ 　　　　＿＿＿＿＿＿＿＿＿＿ 　　　　＿＿＿＿＿＿＿＿＿＿ 出票日期 2014 年 2 月 26 月 收款人：郑州烁华贸易公司 金　额：￥10,000.00 用　途：购买材料 单位主管　　　　会计	出票日期(大写)贰零壹肆年零贰月贰拾陆日　付款行名称：交通银行郑州支行 收款人：郑州烁华贸易公司　　　　　　出票人账号：41106040577 人民币（大写）壹万元整　　亿千百十万千百十元角分 　　　　　　　　　　　　　　　　￥1 0 0 0 0 0 0 用途：购买材料 上列款项请从 我账户内支付 出票人签章　　　　　　钱姚印仕　　复核　　　记账

图 3-6　转账支票

(1) 转账支票正联的填写方法：

① 出票日期：填写填开当天的日期。日期必须使用中文大写，以防止变造日期。在填写时，月份为壹、贰、壹拾的，日为壹至玖和壹拾、贰拾和叁拾的，应在其前加"零"字；日为拾壹至拾玖的，应在其前加"壹"字。例如：2 月 19 日，应写成"零贰月壹拾玖日"；

② 收款人：填写对方收款单位的名称；

③ 付款行名称：填写本单位开户银行的名称；

④ 出票人账号：填写本单位在开户银行的账号；

⑤ 金额：大写按要求规范填写；小写金额必须与大写金额一致，并在小写最高的前一格填写人民币符号；

⑥ 用途：填写所付款项的用途；

⑦ 小写金额下方空格栏：采用支付密码的，可在此填写支付密码；

⑧ 出票人签章：应加盖单位财务专用章、法人私章；

⑨ 正联背面：在附加信息栏可填写需要说明的有关事项（一般不填写）。

(2) 转账支票存根联的填写方法：

① 附加信息：与正联背面所填内容相同；

② 出票日期：用小写填写与正联相同的日期；

③ 收款人：与正联所填内容相同；

④ 金额：用小写填写与正联相同的金额；

⑤ 单位主管、会计：有单位财务负责人、会计签章。

5. 现金支票的结算办法

单位需要提取现金时，由提款人按规定要求填写现金支票，加盖有关印鉴后，撕下右边正联交开户银行提取现金，留下左边存根联作为本单位记账的原始凭证。

现金支票如图3-7、3-8所示。

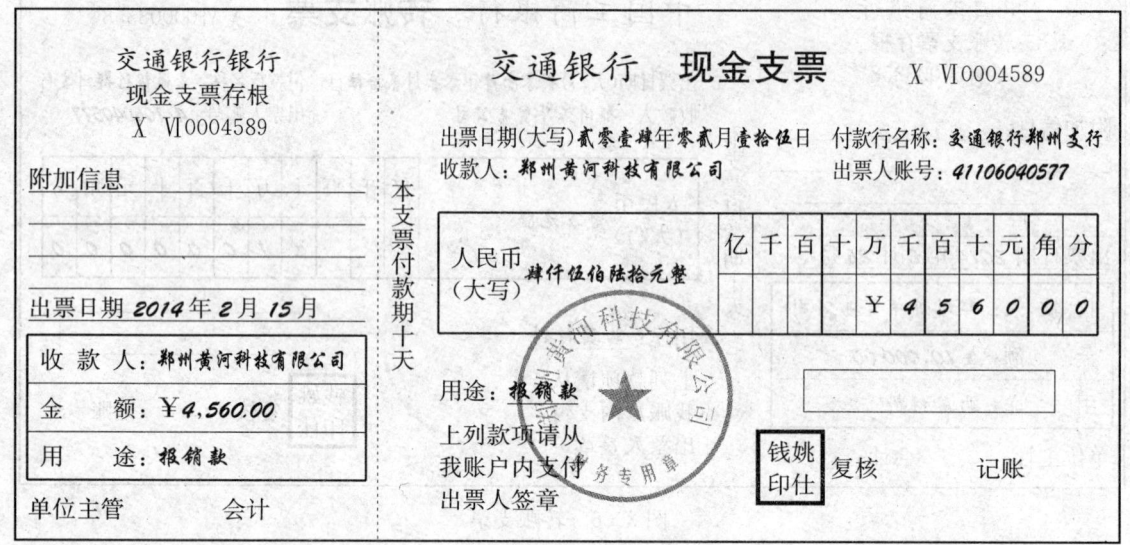

图3-7 现金支票正面

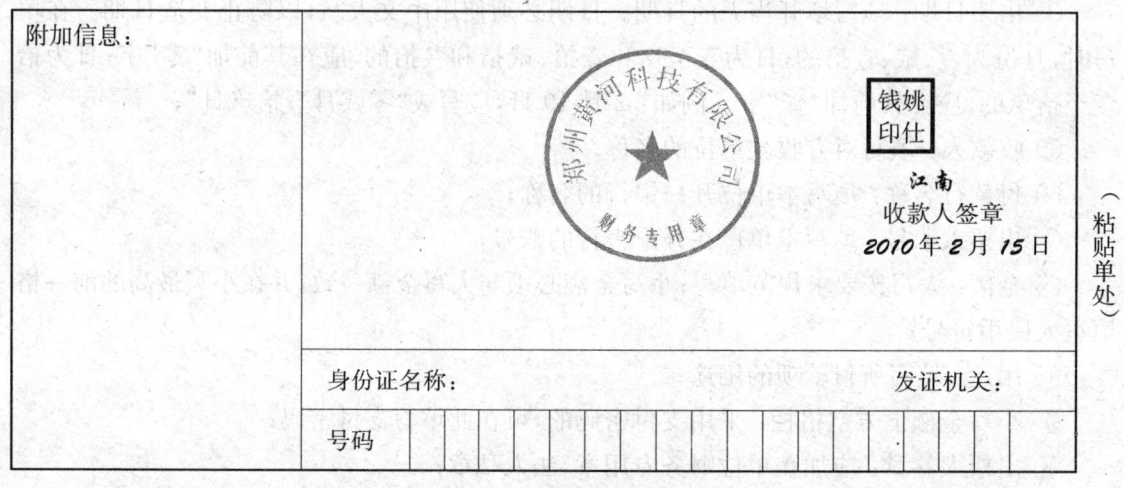

图3-8 现金支票背面

用现金支票向外单位或个人付款时,先由出纳员签发现金支票,加盖预留银行印鉴,填写支付密码,交收款人;收款人持现金支票到付款单位开户行提取现金,并在支票"收款人签章"处签章,持票人为个人的,还需要交验本人身份证件,并在支票背面注明证件名称、号码及发证机关。

(1)现金支票正联的填写方法:

① 出票日期:填写填开当天的日期。日期必须使用中文大写,以防止变造日期。填写的方法与转账支票相同;

② 收款人:填写本单位的名称;

③ 付款行名称：填写本单位开户银行的名称；
④ 出票人账号：填写本单位在开户银行的账号；
⑤ 金额：大写按要求规范填写；小写金额必须与大写金额一致，并在小写最高的前一格填写人民币符号；
⑥ 用途：填写所付款项的用途；
⑦ 小写金额下方空格栏：采用支付密码的，可在此填写支付密码；
⑧ 出票人签章：应加盖单位财务专用章、法人私章（银行预留印鉴），印章要加盖清晰；
⑨ 正联背面：在附加信息栏可填写需要说明的有关事项。

(2) 现金支票存根联的填写方法：
① 附加信息：与正联背面所填内容相同；
② 出票日期：用小写填写与正联相同的日期；
③ 收款人：与正联所填内容相同；
④ 金额：用小写填写与正联相同的金额；
⑤ 单位主管、会计：由单位财务负责人、会计签章。

(3) 现金支票背书的填写方法：
① 在右边空格处加盖取款单位财务专用章、法人私章；
② 在右边空格处取款人签名；
③ 填写实际取款日期。

（二）银行汇票结算

1. 银行汇票的使用范围

银行汇票是由企业单位或个人将款项交存银行，由银行签发给其持往异地办理转账结算或支取现金的票据。银行汇票具有票随人到、方便灵活、兑现性强的特点，企事业单位、个体经济户和个人向异地支付各种款项均可使用。

2. 银行汇票结算的基本规定

(1) 银行汇票一律记名。所谓记名是指在汇票中指定某一特定人为收款人，其他任何人都无权领款；但如果指定收款人以背书方式将领款权转让给其指定的收款人，其指定的收款人有领款权。

(2) 银行汇票的付款期为 1 个月。这里所说的付款期，是指从签发之日起到办理兑付之日止的时期。这里所说的 1 个月，是指从签发日开始，不论月大月小，统一到下月对应日期止的 1 个月。比如签发日为 3 月 5 日，则付款期到 4 月 5 日为止。如果到期日遇例假日可以顺延。逾期的汇票，兑付银行将不予办理。

3. 银行汇票收款进账的办理方法

收款方收到付款方交来的汇票后，首先应对汇票进行审核，然后背书，填写进账单，一并交开户银行办理入账即可。

(1) 收到银行汇票在审查时应注意的问题：
① 收款人或背书人是否确认为本单位；

② 银行汇票是否在付款期内,日期、金额等填写是否正确无误;
③ 印章是否清晰,压数机压印的金额是否清晰;
④ 银行汇票和解讫通知是否齐全、相符;
⑤ 背书人是否连续。
(2) 银行汇票的填写。
银行汇票如图3-9、3-10、3-11所示。

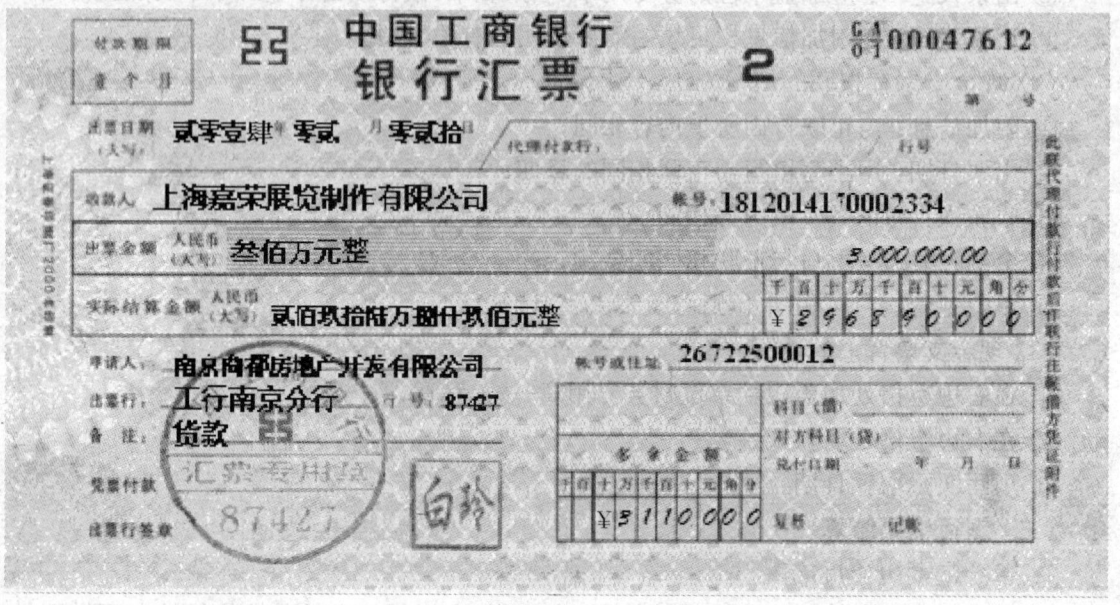

图3-9 银行汇票第二联(正联)

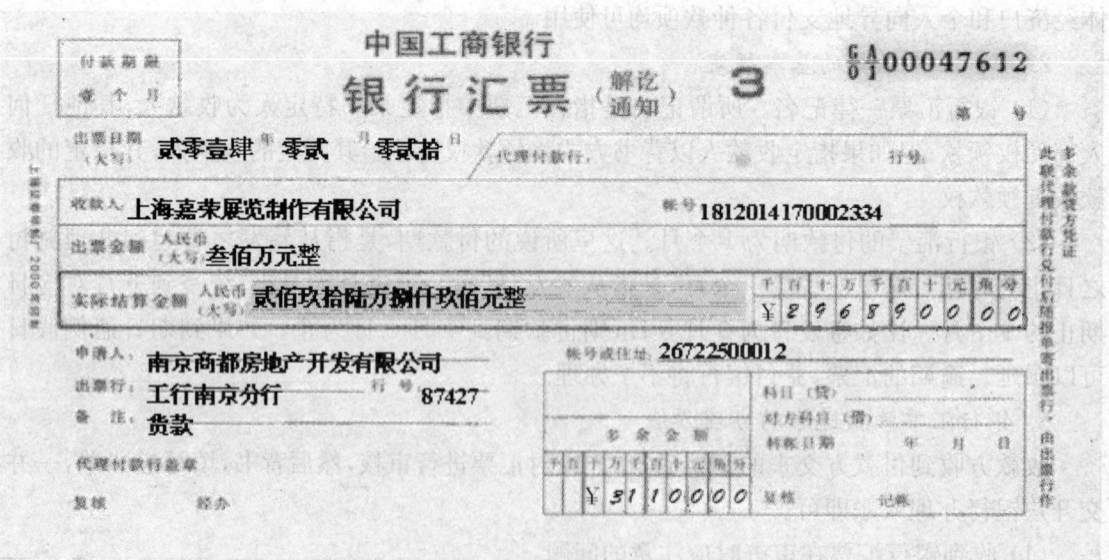

图3-10 银行汇票第三联(解讫通知)

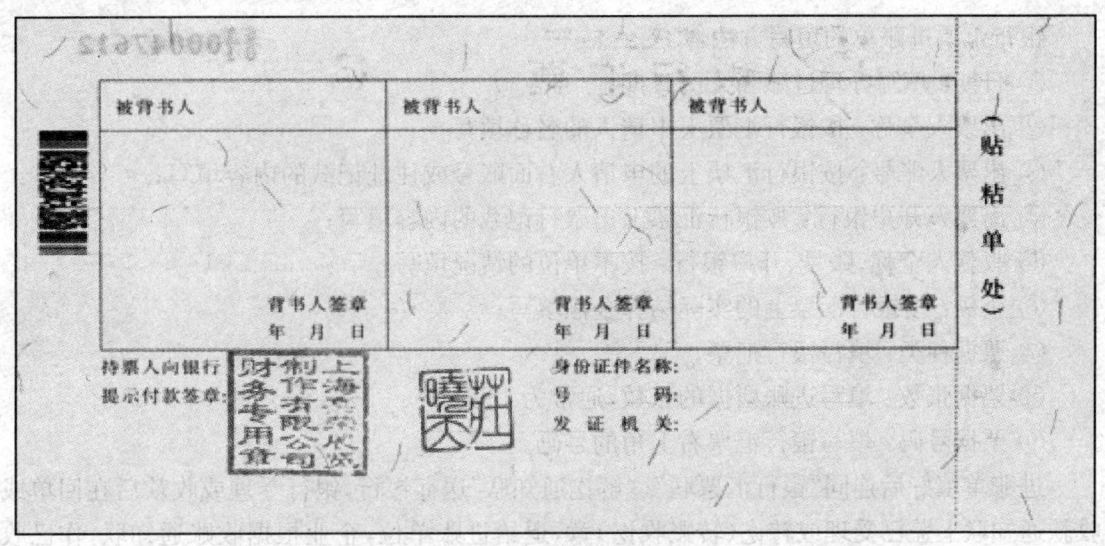

图 3-11 银行汇票背面

银行汇票正联填写方法：

① 持票人在银行汇票正联和解讫通知上实际金额处填写实际结算金额的大、小写；

② 有多余金额的，在多余金额处填写出票金额比实际金额多出的金额；如无多余金额，则在元位填上"0"。实际结算金额不得超过出票金额。

银行汇票背书填写方法：

持票人向银行提示付款时应在银行汇票正本（第二联）后签章，即在背面（左下角处）有提示付款的文字处加盖上公司财务章、法人章。

（3）银行汇票进账单的填写。

进账单如图 3-12 所示。

交通银行　进账单　（收账通知）　3

2014 年 2 月 28 日

出票人	全　称	南京商都房地产开发有限公司	收款人	全　称	上海嘉荣展览制作有限公司
	账　号	26788500012		账　号	1812014170002334
	开户银行	工商银行南京支行		开户银行	交通银行南京支行
金额	人民币（大写）	贰佰玖拾陆万捌仟玖佰元整			￥ 2 9 6 8 9 0 0 0 亿千百十万千百十元角分
票据种类	银行汇票	票据张数	1 张		
票据号码		67412			
	复核　　　　记账			收款人开户银行签章	

图 3-12 银行进账单

银行汇票进账单的填写方法：
① 日期：填写办理进账当天的日期；
② 出票人全称：按银行汇票上申请人的名称填写；
③ 出票人账号：按银行汇票上的申请人右面账号或住址记载的内容填写；
④ 出票人开户银行：按银行汇票上出票行记载的内容填写；
⑤ 收款人全称、账号、开户银行：按本单位的情况填写；
⑥ 金额：按银行汇票上的实际结算金额填写；
⑦ 票据种类：填写银行汇票；
⑧ 票据张数：填写进账票据的张数，通常为1张；
⑨ 票据号码：填写银行汇票右上角的号码。

进账单填好后连同"银行汇票联"、"解讫通知联"送存银行，银行受理或收款后在回单或收款通知联上盖已受理或转讫（转账收讫）章，退给进账单位，企业根据收账通知联，作已收款记账依据。

4. 银行汇票付款结算的办理方法

采用银行汇票结算时，申请人应填写一式三联的"业务申请书"，并在第一联加盖有关印鉴（银行预留印鉴），交开户银行办理，开户银行受理后，将第二联回单盖上已受理章，退给申请人，申请人根据回单联，作已付款记账依据。

（1）结算业务申请书的填写：结算业务申请书如图3-13所示。

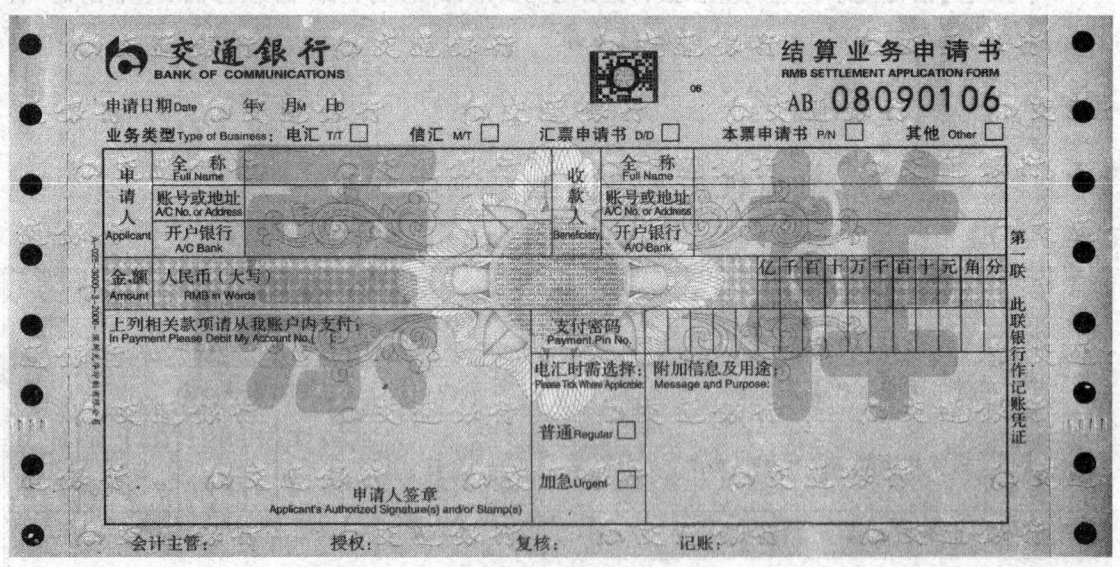

图3-13 结算业务申请书

结算业务申请书的填写方法：
① 出票日期：用小写填写申请当天的日期。

② 业务类型：填写需要办理的业务类型。如需办理汇票，在汇票申请书后的小方框内打"√"，表示该项业务办理的银行汇票。
③ 申请人：填写本单位的名称。
④ 账号或地址：填写本单位的开户银行账号或地址。
⑤ 开户行名称：填写本单位的开户银行名称。
⑥ 收款人、账号、开户银行：分别填写收款单位的名称、银行账号、开户银行。
⑦ 金额：大写按要求规范填写；小写金额必须与大写金额一致，并在小写最高的前一格填写人民币符号。
⑧ 附加信息及用途：填写所付款项的用途，如货款等。
⑨ 申请人签章：应加盖单位财务专用章、法人私章，印章要加盖清晰。
(2) 签发：开户银行在受理结算业务申请书后，应签发银行汇票和解讫通知单交给申请人。

(三) 商业汇票结算

1. 商业汇票结算的使用范围

商业汇票是收款人或付款人（或承兑申请人）签发，由承兑人承兑，并于到期日向收款人或被背书人支付款项的票据。商业汇票适用于企业单位先发货后付款或双方约定延期付款的商品交易。这种汇票经过购货单位或银行承诺付款，承兑人负有到期无条件支付票款的责任，对付款单位具有较强的约束力，有利于增强企业信用，促使企业偿付货款。商业汇票按承兑人的不同，分为商业承兑汇票和银行承兑汇票两种。

2. 商业汇票结算的基本规定

商业汇票一律记名，可以背书转让，也可以贴现。商业汇票承兑期限由交易双方商定，最长不得超过 6 个月，商业汇票在同城或异地均可使用。

3. 商业汇票到期收款的办理办法

商业汇票的提示付款期限为汇票到期日起 10 天，收款人（持票人）应在商业汇票到期日起 10 日内到本单位开户银行办理收款手续。收款人收到商业汇票首先应对汇票进行审核，然后背书，填写托收凭证，一并交开户银行办理入账即可。如将汇票转让应办理背书转让手续。

(1) 收到银行承兑汇票在审查时应注意的问题：
① 是否为中国人民银行统一印制的银行承兑汇票；
② 汇票的签发和到期日期、收付款单位的名称（必须是全称）和账号及开户银行（大小写金额）等栏目是否填写齐全、正确；
③ 汇票上的签章是否齐全、正确；
④ 汇票是否超过有效承兑期限；
⑤ 汇票上有无批注"不得转让"的字样。经转让的汇票，背书是否连续（每一手的背书是否为前一手的被背书人或收款人），背书的签章是否正确。

(2) 银行承兑汇票的填写。

银行承兑汇票如图 3-14、3-15 所示。

图3-14 收到银行承兑汇票正面

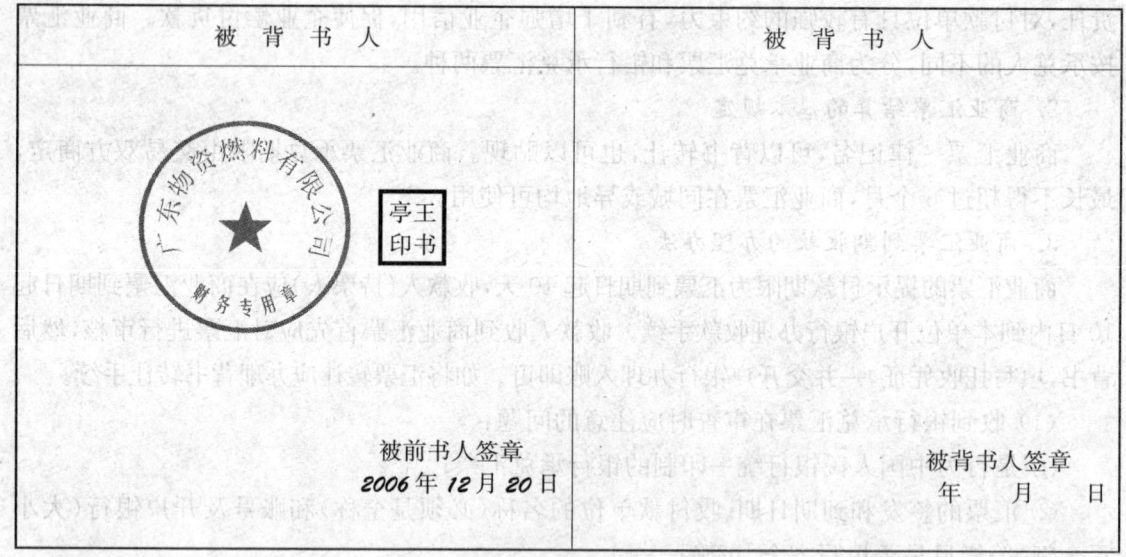

图3-15 收到银行承兑汇票背面

银行承兑汇票背书填写方法：

① 持票人向银行提示付款时应在银行承兑汇票正本后签章（银行预留印鉴）。

② 填写实际进账的日期。

（3）托收凭证的填写。

托收凭证如图3-16所示。

任务三 银行业务核算

托收凭证（汇款依据或收账通知） 4

委托日期 年 月 日						付款期限 年 月 日			
业务类型	委托收款（□邮划、□电划） 托收承付（□邮划、□电划）								
付款人	全 称			收款人	全 称				
	账 号				账 号				
	地 点	省 市县	开户行		地址	省	市县	开户行	
金额	人民币（大写）					亿千百十万千百十元角分			
款项内容			托收凭据名 称				附寄单证张数		
商品发运情况					合同名称号码				
备注	上列款项已划回收入你方账户内。								
复核 记账					收款人开户银行签章 年 月 日				

此联付款人开户行凭以汇款或收款人开户银行作收账通知

10×17.5 cm（白纸紫油墨）

图 3-16 托收凭证

托收凭证的填写方法：

① 日期：填写办理托收当天的日期；

② 业务类型：在委托收款、托收承付后邮划或电划前选择打"√"；

③ 付款人全称、账号、开户银行：按实际付款人的名称填写；

④ 收款人全称、账号、开户银行：按本单位的情况填写；

⑤ 金额：按发票上的金额填写，包括大小写金额；

⑥ 款项内容：实际应支付的款项，一般填写货款及运费；

⑦ 托收凭证名称：填写银行承兑汇票或商业承兑汇票；

⑧ 所寄单据张数：填写托收商业汇票张数；

⑨ 商品发运情况：货物已发运；

⑩ 合同名称号码：按实际签订合同的号码填写。

4. 商业汇票付款结算的办理方法

在采用商业汇票结算时，一般由付款方（也可以由收款方）填写商业汇票一式三联，并加盖本单位财务专用章和法人印章。商业承兑汇票由付款方在第二联承兑人签章处加盖财务专用章，银行承兑汇票应有承兑银行在第二联承兑行签章处盖章，最后将第二联交给收款方持有,汇票到期后凭以收款。

商业承兑汇票如图3-17所示。

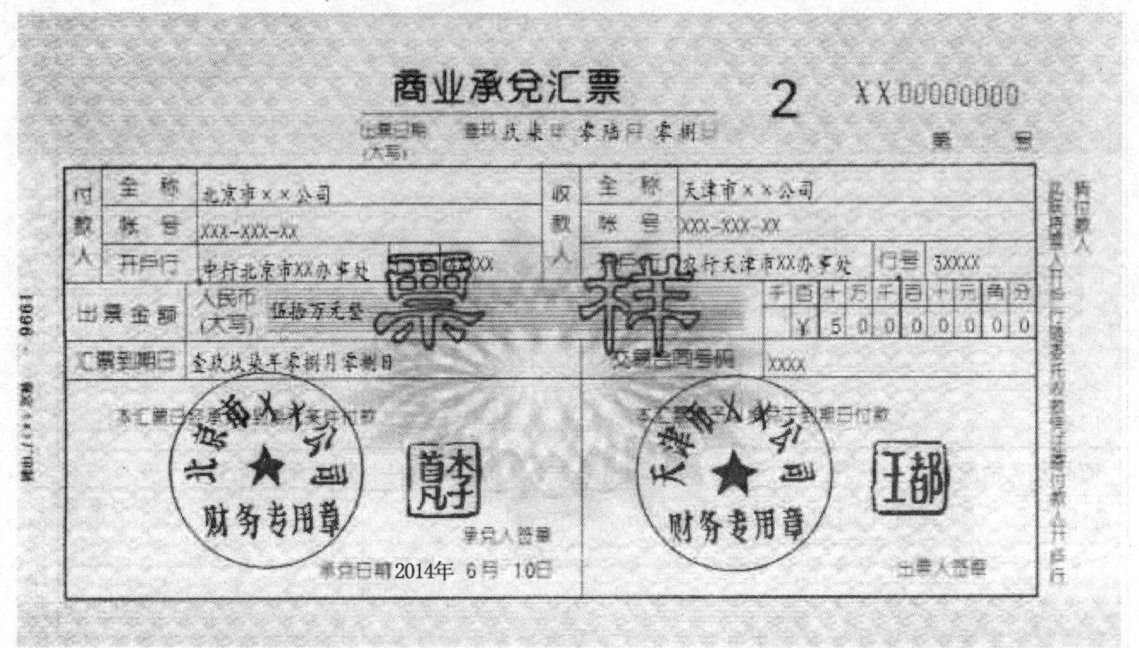

图3-17 商业承兑汇票

商业汇票的填写方法:

① 出票日期:与支票填法相同;

② 付款人全称:填写付款方即本企业的企业名称全称;

③ 付款人或出票人账号:填写付款方即本企业在开户银行的账号;

④ 开户银行或付款行全称:填写付款方即本企业开户银行的名称;

⑤ 收款人全称、账号、开户银行:填写收款方单位的名称全称、所在开户银行的账号、名称;

⑥ 出票金额:大写按要求规范填写;小写金额必须与大写金额一致,并在小写最高的前一格填写人民币符号;

⑦ 汇票到期日:填写汇票到期年、月、日,用汉字大写填写;

⑧ 交易合同号码:填写所结算的交易合同编号;

⑨ 收付款双方单位签章。

小提示

预防票据陷阱

几种银行承兑汇票不可收:

(续上)

> 很多企业在收取银行承兑汇票时或多或少会遇到一些不太规范的票据甚至是伪造的假票,给企业带来损失。
> 1. 超期汇票。
> 2. 汇票票面有严重污渍,导致票面一些字迹、签章无法清晰辨认,票面有破损或撕裂。
> 3. 汇票票面项目填写不齐全,金额大小写不一致,日期不规范。
> 4. 背书人的签章不清晰;背书人的签章盖在背书栏外;被背书名称书写有误或有涂改。
> 5. 背书不连续:如背书人的签章与前道被背书人的名字或签章不一致,连续背书转让时,日期填写不符合前后逻辑关系,如后道背书日期比前道早。
> 6. 粘贴单不是银行统一格式。
> 7. 盖在汇票与粘贴单连接处的骑缝章不清晰或骑缝章与前面背书人签章重叠。

(四) 托收承付结算

1. 托收承付的使用范围

托收承付结算方式只适用于购销双方都是国有企业,供销合作社、经开户银行审查同意的城乡集体所有制工业企业,托收和承付方其中一方不是使用托收承付结算范围的企业,不能办理托收承付结算。

(1) 什么是托收?

托收是指销货单位(收款单位)委托开户银行收取结算款项的行为。

(2) 什么是承付?

承付是指购货单位(即付款单位)在承付期限内,向银行承认付款的行为。

2. 托收承付的基本规定要求

(1) 办理托收承付结算的款项必须是商品交易,以及因商品交易而产生的劳务供应的款项。代销、寄销、赊销商品的款项不得办理托收承付结算。

(2) 托收承付结算款项的每笔金额起点是10 000元;新华书店系统每笔的金额起点是1 000元。

(3) 托收承付结算款项的划回方法分邮寄和电报两种,由收款人选用。

(4) 收款人办理托收承付必须具有商品确已发运的证件(包括铁路、航运、公路等运输部门签发的运单、运单副本和邮局包裹回执)。特殊情况下没有发运证件的,可凭其他有关证件办理托收承付。

3. 托收收款的办理方法

在托收阶段,销货单位根据经济合同发货,取得发运证件后,填制"托收承付结算凭证"。托收凭证一式五联,连同发票、托运单和代垫运费等单据,一并送交开户银行办理托收手续。

(1) 托收凭证的填写。

托收凭证如图3-18所示。

托收凭证 (汇款依据或收账通知)														4 付款期限 年 月 日	
委托日期 年 月 日															
业务类型	委托收款（□邮划、□电划）					托收承付（□邮划、□电划）									
付款人	全称					收款人	全称								
	账号						账号								
	地点	省	市县	开户行			地址	省		市县		开户行			
金额	人民币（大写）				亿	千	百	十	万	千	百	十	元	角	分
款项内容		托收凭据名称							附寄单证张数						
商品发运情况							合同名称号码								
备注：	上列款项已划回收入你方账户内。														
复核 记账						收款人开户银行签章 年 月 日									

10×17.5 cm（白纸紫油墨）

图 3-18 托收凭证

托收承付的填写方法与前面商业汇票托收凭证填写方法基本相同。

（2）托收凭证各联的用途：

第一联回单，是收款人开户行给收款人的回单；

第二联委托凭证，是收款人委托开户行办理托收款项后的收款凭证；

第三联支票凭证，是付款人向开户行支付货款的支款凭证；

第四联收款通知，是收款人开户行在款项收妥后给收款人的收款通知；

第五联承付（支款）通知，是付款人开户行通知付款人按期承付货款的承付（支款）通知。

4．托收付款结算的办理方法

付款人开户银行收到托收凭证及其附件后，应及时通知付款人。付款人应在承付期内审查核对，安排资金。承付货款分为验单付款和验货付款两种。

验单付款。验单付款的承付期为3天，从付款人开户银行发出承付通知的次日算起（承付期内遇例假日顺延）。付款人在承付期内，未向银行表示拒绝付款，银行即视作承付，并在承付期满的次日（例假日顺延）上午银行开始营业时，将款项主动从付款人的账户内付出，按照收款人指定的划款方式，划给收款人。

验货付款。验货付款的承付期为10天，从运输部门向付款人发出提货通知的次日算起。对收付双方在合同中明确规定，并在托收凭证上注明验货付款期限的，银行从其规定。

付款人收到提货通知后,应即向银行交验提货通知。付款人在银行发出承付通知后(次日算起)的10天内,如未收到提货通知,应在第10天将货物尚未到达的情况通知银行。如不通知,银行即视作已经验货,于10天期满的次日上午银行开始营业时,将款项划给收款人。在第10天,付款人通知银行货物未到,而以后收到提货通知没有及时送交银行,银行仍按10天期满的次日作为划款日期,并按超过的天数,计扣逾期付款赔偿金。

（1）托收凭证付款通知如图3-19所示。

中国农业银行托收凭证　5（付款通知）

委托日期 201×年6月9日

业务类型		委托收款(邮划□ 电划□)			托收承付(邮划□ 电划□)		
付款人	全称	乐业服饰批发有限公司		收款人	全称	北京天华毛衣服饰有限公司	
	账号	0502121409024797070			账号	0101040003668	
	地址	山西省太原市	开户行 工行太原分行河西支行		地址	北京朝阳路23号	开户行 农行北京朝阳路北支行
金额	人民币(大写)	壹拾玖万伍仟零伍拾元整		亿 千 百 十 万 千 百 十 元 角 分		￥ 1 9 5 0 5 0 0 0	
款项内容		货款及运费	托收凭据名称 发票、运单			附寄单证张数 3	
商品发运情况		已发运			合同名称号码	20050602	
备注： 付款人开户银行收到日期 　200×年6月10日 复核：　记账：			付款人开户银行签章	付款人注意： 1. 根据支付结算办法,上列委托收款(托收承付)款项在付款期限内未提出拒付,即视为同意付款。以此代付款通知。 2. 如需提出全部或部分拒付,应在规定期限内,将拒付理由书并债务证明退交开户银行。			

此联付款人开户银行给付款人近按期付款通知书

图3-19　托收凭证付款凭证

拒绝付款：在承付期满时,如果购货单位资金不足,不足支付部分作为延期付款处理,并支付一定的赔偿金。延期支付金额连同赔偿金由银行按照规定的扣款顺序划转给销货单位。如果购货单位经过验单或验货,发现销货单位托收款项计算有错误,或者商品品种、质量、规格、数量与合同规定不符时,购货单位在承付期内有权全部或部分拒付货款。拒付货款需要填写"拒付理由书"交银行办理,但拒付后的商品必须妥善代管,不能短少或损坏。

（2）拒付理由书的填写事项。

如果购货企业在承付期内发现下列情况,可向银行提出全部或部分拒绝付款：

① 代销、寄销、赊销商品的款项；

② 验单付款,发现所列货物的品种、规格、数量、价格与合同规定不符,或货物已到,经

查验货物与合同规定或发货清单不符的款项；

③ 验货付款，经查验货物与合同规定或与发货清单不符的款项；

④ 货款已经支付或计算有错误的款项。

购销企业提出拒绝付款时，必须填写"拒绝付款理由书"，注明拒绝付款理由，并加盖单位公章。涉及合同的应引证合同上的有关条款属于商品质量问题，需要提供商品检验部门的检验证明；属于商品数量问题，需要提供数量问题的证明及其有关数量的记录；属于外贸部门进口商品，应当提供国家商品检验或运输等部门出具的证明，一并送交开户银行。

开户银行应认真审查拒绝付款理由，查验合同。经审查认为拒付理由成立，同意拒付的，在"拒绝承付理由书"上签署意见，在第一联"拒绝承付理由书"加盖业务用公章作为回单（完全拒付）或支款通知（部分拒付）退给付款单位。同时将"拒绝承付理由书"连同有关证明材料、托收凭证、交易单证（全部拒付）及拒付商品清单（部分拒付）等寄收款单位开户银行，通知收款单位。

(3) 拒付理由书如图 3-20 所示。

委托收款结算 全部/部分 拒绝承付理由书

（四联）　　　　　　　　　　　　　　　　　　　　　　　原委托号码：

（代回单或支款通知）

拒付日期　年　月　日

收款人	全称		付款人	全称											此联银行给付款人的回单或支款通知
	账号			账号											
	开户银行		行号		开户银行			行号							
委托金额		拒付金额		部分承付金额	千	百	十	万	千	百	十	元	角	分	
附寄证件张数或册数		部分承付金额（大写）													
拒付理由：				（付款单位签单）											

单位主管：　　　会计：　　　复核：　　　记账：

图 3-20　拒付理由书

拒付理由书的填写：

(1) 拒付日期：填写拒付当日的日期；

(2) 收款人、付款人的全称、账号、开户银行：按照托收凭证填写；

(3) 托收金额：按照托收凭证上的金额填写；

(4) 拒付金额：填写拒付的部分或全部金额；

(5) 部分承付金额：若为部分拒付，则填写委托金额减去拒付金额后的余额作为承付金额，分别填写大、小写金额，为全部拒付则不填写；

(6) 附寄证件张数：填写随拒付理由书退回银行的托收证件张数；

(7) 拒付理由：填写拒绝付款的理由；

(8) 付款人签章：加盖付款方的财务专用章。

（五）委托收款结算

1. 委托收款的使用范围

凡在银行或其他金融机构开立账户的单位和个体经商户的商品交易，公用事业单位向用户收取水电费、邮电费、煤气费、公房租金、社会保险费等劳务款项以及其他应收款项，无论是在同城还是异地，均可使用委托收款的结算方式。

2. 委托收款结算的基本规定

（1）单位和个人凭已承兑的商业汇票、债券、存单等付款人债务证明办理款项的结算，都可使用委托收款结算方式。委托收款在同城、异地都可使用；

（2）委托收款结算款项的划回方式可分为邮寄和电报两种，由收款人选用；

（3）委托收款结算不受金额起点限制。

3. 委托收款的办理方法

收款人办理委托收款，应向开户银行填写委托收款凭证，提供收款依据，如发票、铁路运单等。经开户银行审查、受理后，凭以办理委托收款手续。

委托收款如图3-21所示。

委托收款凭证（回单）

委电	委托日期　　年　月　日		委托号码：	
付款人	全称		收款人	全称
	账号或住址			账号或住址
	开户银行	行号		开户银行　　　　行号
委托金额	人民币（大写）		千 百 十 万 千 百 十 元 角 分	
款项内容		委托收款凭据名称	附寄单证张数	
备注：		款项收托日期　　年　月　日	收款人开户银行签章　　年　月　日	

单位主管　　　　　　　会计　　　　　　　复核　　　　　　　记账

图3-21 委托收款凭证

委托收款的填写方法：

① 日期：填写办理委托收款当天的日期；

② 付款人全称、账号、开户银行：按实际付款人的名称填写；

③ 收款人全称、账号、开户银行：按本单位的情况填写；

④ 委托金额：按实际金额填写，包括大小写金额；
⑤ 款项内容：实际应支付的款项；
⑥ 委托凭证名称：所附单据的名称，通常为发票及运费单；
⑦ 所寄单据张数：按实际张数填写；
⑧ 在委托收款凭证第二联上加盖收款单位印章。

4. 委托收款付款结算的办理方法

付款人开户银行接到收款人开户银行寄来的委托收款凭证，经审查无误，应及时通知付款人。付款人接到通知和有关附件，应在规定的付款期内付款。

(1) 收到委托后银行在审查时应注意的问题：
① 委托收款凭证是否应由本单位受理；
② 凭证内容和所附的有关单证填写是否齐全正确；
③ 委托收款金额和实际应付金额是否一致，承付期限是否到期。

审查无误后应在付款期内筹足资金，由开户银行办理付款手续。付款期限为3天，从付款人开户银行发出付款通知的次日算起（付款期内遇例假日顺延）。付款人在付款期内未向银行提出异议，银行视作同意付款，并在付款期满的次日（例假日顺延）上午银行开始营业时将款项主动划给收款人。

(2) 委托收款付款通知如图3-22所示。

河南省社会保险费委托收款凭证（付款通知）

特约　　　　　　　　　　　　　　　　　　5　NO: 056154

委托日期　2014年02月10日

付款人	全称	郑州黄河科技有限公司		收款人	全称	郑州市社会保险事业管理局	
	账号或住址	41106040577			账号或住址	1702020529	
	开户银行	交通银行郑州支行			开户银行	工行建设支行	行号

委托金额	人民币（大写）	叁仟零肆拾叁元伍角柒分	千	百	十	万	千	百	十	元	角	分
						¥	3	0	4	3	5	7

款项内容	单位缴纳	个人缴纳	补缴	滞纳金	合计	付款人注意
基本养老保险费	2 173.97	869.60			3 043.57	1. 上述款项已全部划给收款人。2. 该款项不得拒付，如需拒付，应按规定，由付款人与收款人自行联系解决。
基本医疗保险费						
失业保险费						
工伤保险费						
女工生育保险费						

备注：2014年2月养老保险金

单位主管　　会计　　复核　　记账　　付款人开户银行收到日期　　年　月　日

图3-22　委托收款付款通知

(六)汇兑结算

1. 汇兑结算的使用范围及基本规定

汇兑是汇款人委托银行将其款项支付给收款人的结算方式。汇兑结算适用于异地间的结算,无结算起点限制。就汇款人来说,无论是否在银行开立账户,只要需要就可以办理。汇兑分为信汇(邮寄凭证)、电汇(拍发电报)两种,由汇款人根据对汇款快慢的要求选择使用。

2. 汇兑收款的办理方法

(1)出纳到银行取回银行回单;

(2)出纳根据回单填制收款凭证;

(3)根据审核无误的收款凭证登记银行日记账。

汇兑(电汇、信汇)收账通知单如图3-23所示。

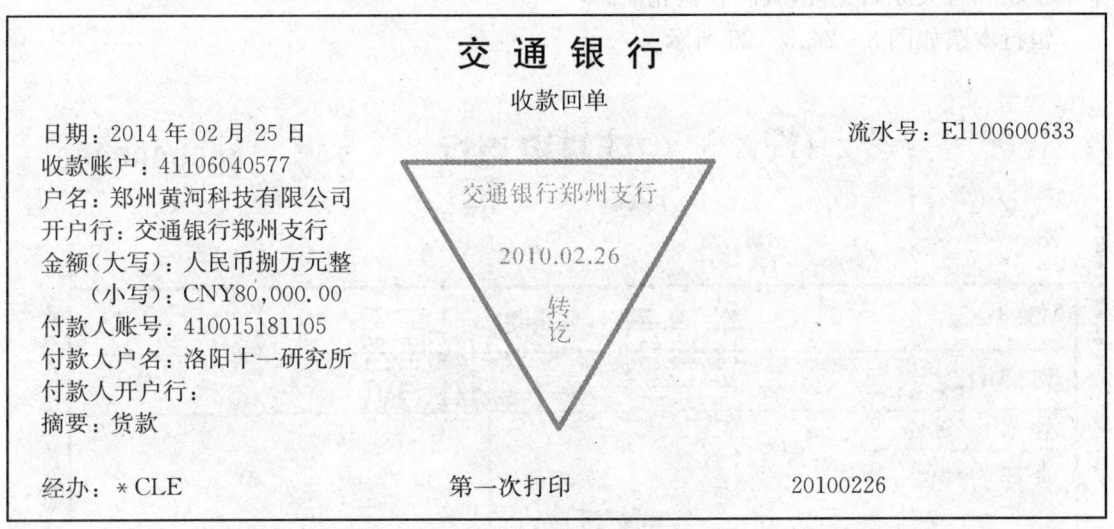

图3-23 汇兑(电汇、信汇)收账通知单

3. 汇兑付款结算的办理方法

汇款人以电汇或信汇方式汇款时,应填写一式三联的结算业务申请书,并在第一联加盖有关印鉴,交开户银行办理,开户银行受理后,将第二联回单盖上已受理章,退给申请人,申请人根据回单联,作已付款记账依据。

汇兑结算业务申请书的填写方法与银行汇票结算业务申请书基本相同,只是在选择业务类型时在电汇或信汇后的小方框内打"√",表示企业所选择办理经济业务的类型。

(七)银行本票结算

1. 银行本票的使用范围

银行本票是银行签发的,承诺自己在见票时无条件支付给收款人或持票人的票据。不论单位和个人在同一票据交换区域内需要支付各种款项时,均可以使用银行本票。银行本票按其金额不同可分为定额本票和不定额本票两种。

2. 银行本票结算的基本规定

(1) 银行本票在指定城市的同城范围内使用。

(2) 银行本票的金额起点。不定额银行本票的金额起点为 100 元,定额银行本票面额为 1 000 元、5 000 元、10 000 元和 50 000 元。

(3) 银行本票的付款期自出票日起最长不超过两个月(不分大月小月,统按次月对日计算,到期日遇例假日顺延)。逾期的银行本票,兑付银行不予受理,但可以在签发银行办理退款。

(4) 银行本票一律记名,允许背书转让。

(5) 银行本票见票即付,不予挂失。遗失的不定额银行本票在付款期满后 1 个月确定未被冒领的,可以办理退款手续。

3. 银行本票收款的办理方法

收款单位将收到的银行本票连同进账单送交银行办理转账,银行审核盖章后退回进账单第一联和有关原始凭证,编制收款凭证。

银行本票如图 3-24、3-25 所示。

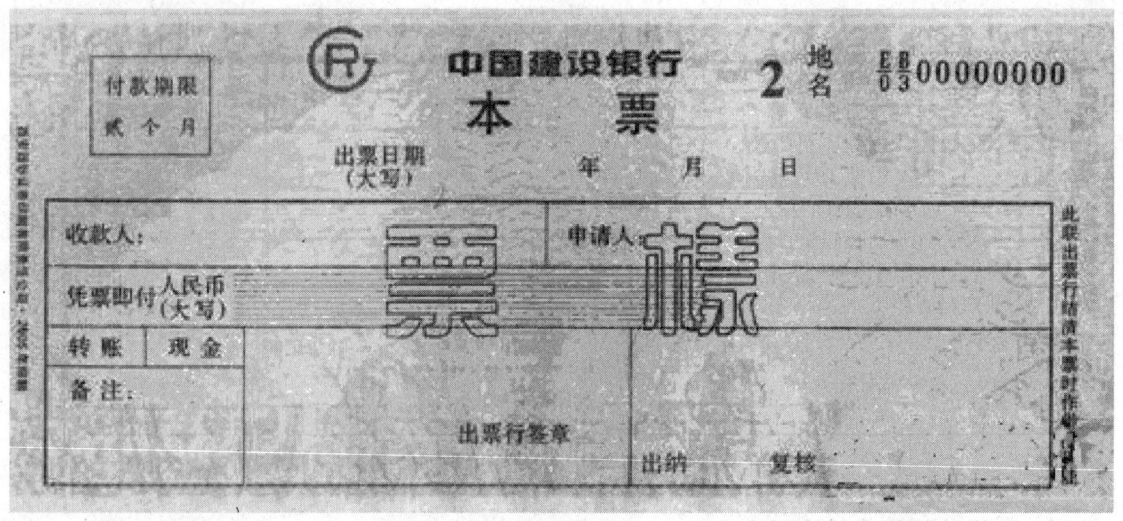

图 3-24 不定额本票

4. 银行本票付款结算的办理方法

汇款人办理银行本票时,应填写一式三联"结算业务申请书",详细写明收款单位名称等各项内容。如申请人在签发银行开立账户的,应在银行本票申请书第二联上加盖预留银行印鉴。

银行本票结算业务申请书的填写方法与银行汇票结算业务申请书基本相同,只是在选择业务类型时在银行本票后的小方框内打"√",表示企业所选择办理经济业务的类型。

(八) 信用卡结算

1. 信用卡的使用范围

信用卡是指商业银行向个人和单位发行的,凭以向特约单位购物、消费和银行存取现

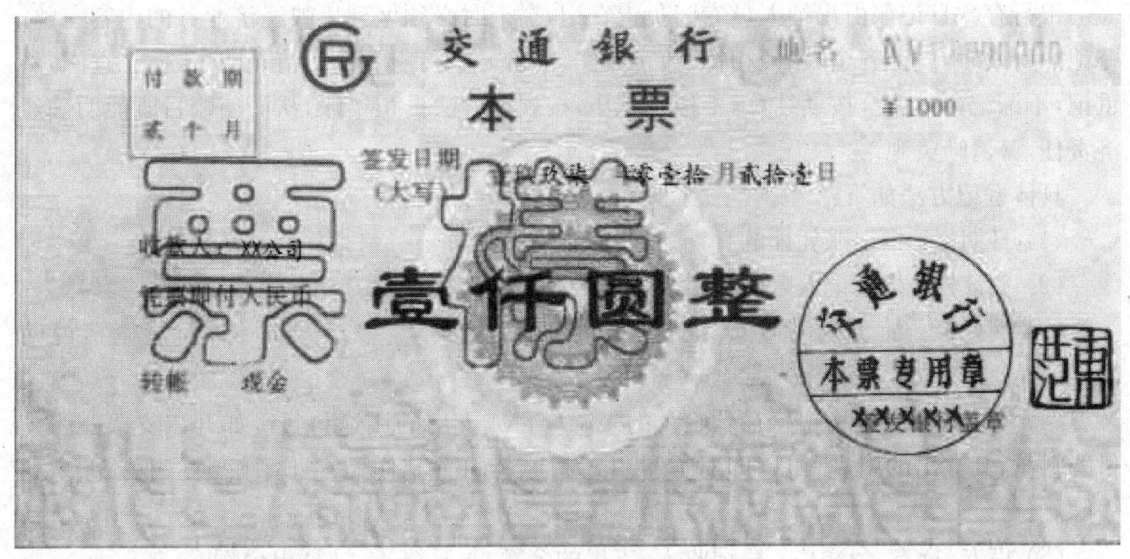

图 3-25 定额本票

金,且有消费信用的特制载体卡片。

信用卡按使用对象分为单位卡和个人卡,信用卡按信用等级分为金卡和普通卡。

2. 信用卡结算的基本规定

(1) 单位账户的资金一律从基本存款账户转账存入,不得交存现金,不得将销货收入的款项存入其账户;

(2) 信用卡仅限于合法持卡人本人使用,持卡人不得出租或转借信用卡;

(3) 单位卡不得用于 10 万元以上的商品交易、劳务供应款项的结算;

(4) 单位卡一律不得支取现金;

(5) 信用卡使用有一定期限,有效期满如需继续使用,应办理更换新卡手续;

(6) 持卡人不需要继续使用信用卡的,应持信用卡到发卡银行办理销户,如果账户内还有余额,属单位卡的,则应将该账户内的余额转入其基本存款账户,不得提取现金;个人卡账户可以转账结算,也可以提取现金。

二、银行存款日记账的设置与登记

(一) 银行存款日记账的设置

银行存款日记账是用来反映银行存款增加、减少和结存情况的账簿。企业应按开户银行、存款种类、币种等设置"银行存款日记账",进行明细分类核算。银行存款日记账必须采用订本式账,可采用三栏式或多栏式账页。

(二) 银行存款日记账的登记

银行存款日记账是各单位重要的会计档案之一,在启用账簿时,首先应按有关规定和要求填写"账簿启用表"。

银行存款日记账由出纳人员专门负责登记,登记时必须做到反映经济业务的内容完整,登记账目及时,凭证齐全,账证相符,数字真实、准确,书写工整,摘要清楚明了,便于查阅,不重记,不漏记,不错记,按期结算,不拖延积压,按规定方法更正错账,从而使账目既能明确经济责任,又清晰美观。

具体登记方法如下:

(1) 日期栏:指记账凭证的日期。

(2) 凭证栏:指登记入账的收付款凭证的种类和编号。

(3) 摘要栏:简要说明登记入账的经济业务的内容。文字要简练,但能概括说明问题。

(4) 对方科目栏:指银行存款收入的来源科目或支出的用途科目。如开出支票一张支付购料款,其支出的用途科目(即对方科目)为"原材料",其作用在于了解经济业务的来龙去脉。

(5) 借方、贷方、余额栏:登记收入、支出的金额,每日终了,结算出余额。

例:郑州黄河科技公司 2014 年 2 月发生的银行收付业务如下:

① 2 日,收到许昌通用有限公司电汇收款凭证 6 000 元。

借:银行存款　　　　　　　　　　　　　　　　　　　　　　　　　　　6 000
　贷:应收账款——许昌通用有限公司　　　　　　　　　　　　　　　　　　6 000

② 5 日,收到委托收款单,支付养老保险费 2 841.74 元。

借:管理费用——劳动保险费　　　　　　　　　　　　　　　　　　　　2 841.74
　贷:银行存款　　　　　　　　　　　　　　　　　　　　　　　　　　2 841.74

③ 12 日,销售甲产品给郑州烁华公司,收到银行汇票,价税合计 117 000 元,当日填写银行进账单送存银行。

借:银行存款　　　　　　　　　　　　　　　　　　　　　　　　　　117 000
　贷:主营业务收入　　　　　　　　　　　　　　　　　　　　　　　　100 000
　　　应交税费——应交增值税(销项税额)　　　　　　　　　　　　　　17 000

④ 18 日,开出现金支票一张,提取备用金 3 000 元。

借:库存现金　　　　　　　　　　　　　　　　　　　　　　　　　　　3 000
　贷:银行存款　　　　　　　　　　　　　　　　　　　　　　　　　　3 000

⑤ 20 日,以银行存款 50 000 元申请办理银行汇票,银行受理后收到同等金额的银行汇票。

借:其他货币资金——银行汇票存款　　　　　　　　　　　　　　　　　50 000
　贷:银行存款　　　　　　　　　　　　　　　　　　　　　　　　　　50 000

⑥ 22 日,以上述银行汇票购入原材料一批,买价 40 000 元,增值税 6 800 元,原材料已

银行存款日记账

2014年 月	日	凭证编号	摘要	对方科目	借方	贷方	余额
2			期初金额				15000000
	2	1#	收回赊欠货款	应收账款	600000		15600000
	5	2#	支付劳动保险费	管理费用		284174	15315826
	12	3#	销售产品一批	主营业务收入	11700000		27015826
	18	4#	职务用金	库存现金		300000	26715826
	20	5#	办理银行汇票	其他货币资金		5000000	21715826
	28	7#	支付赊欠货款	应付账款		2000000	19715826
	28	8#	收到包装物押金	其他应付款	480000		20195826
2	28		本月合计		12780000	7584174	20195826

图3-26 银行日记账

验收入库,按实际应付金额结算,多余款项尚未退回。

  借:原材料   40 000
    应交税费——应交增值税(进项税额)   6 800
   贷:其他货币资金——银行汇票存款   46 800

 ⑦ 28日,开出转账支票支付欠开来公司货款20 000元。

  借:应付账款——开来公司   20 000
   贷:银行存款   20 000

 ⑧ 28日,收到宏达工厂转账支票一张4 800元,支付包装物押金,当日填写银行进账单送存银行。

  借:银行存款   4 800
   贷:其他应付款——宏达工厂(押金)   4 800

企业银行存款日记账如图3-26所示。

三、银行存款的清查

(一)银行存款清查的方法

银行存款的清查是通过与单位开户银行核对账目记录的方法进行的。它与实物、现金清查所使用的方法不同。银行每月会定期打印客户对账单,出纳人员应定期核对出纳的"银行存款日记账"与"银行对账单",并编制"银行余额调节表"。

核对流程如图3-27所示。

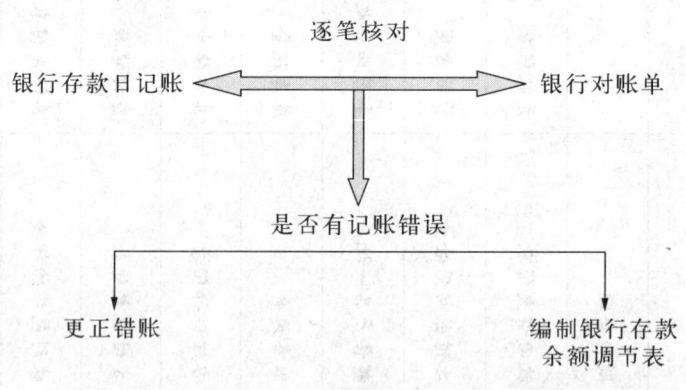

图3-27 核对流程图

  一般情况下,在核对之前将企业所发生的经济业务记入"银行存款日记账",再对账面记录进行检查复核,确定账簿记录是完整、准确的。即使企业记账和银行记账都没有错误,银行存款日记账的余额和银行对账单的余额也往往不一致。这种不一致是由于存在未达账项而形成的。

  所谓"未达账项"是指企业与银行由于核算时间不同而形成的一方已入账,另一方尚未

银行存款日记账

2014年		凭证编号	摘要	对方科目	借方 千百十万千百十元角分	贷方 千百十万千百十元角分		余额 千百十万千百十元角分
月	日							
2	1		期初金额				√	1500000 00
2	2	1#	收回前欠货款	应收账款	600000 00		√	1560000 00
	5	2#	支付劳动保险费	管理费用		284174	√	1531582 6
	12	3#	销售产品一批	主营业务收入	11700000 0			2701582 6
	18	4#	取备用金	库存现金		300000 00	√	2671582 6
	20	5#	办理银行汇票	其他货币资金		500000 00	√	2171582 6
	28	7#	支付前欠货款	应付账款		2000000 0	√	1971582 6
	28	8#	收到包装物押金	其他应付款	480000 0			2019582 6
2	28		本月合计		12780000 0	7584174		2019582 6

图3-28 银行存款日记账

入账的会计事项。

未达账项大致有以下四种情况：

(1) 企业收到或已送存银行的款项，企业已入账，但银行尚未入账；

(2) 企业开出各种付款凭证，企业已入账，但银行尚未入账；

(3) 银行代企业收进的款项，银行已入账，但企业尚未收到有关凭证，未能登记入账；

(4) 银行代企业支付的款项，银行已入账，但企业尚未收到有关凭证，未能登记入账。

上述任何一种未达账项的存在，都会使企业银行存款日记账余额与银行对账单余额不相一致，企业应根据核对后发现的未达账项，编制银行存款余额调节表。

（二）银行存款余额调节表的编制

银行存款余额调节表的编制步骤为：

(1) 按银行存款日记账登记的先后顺序逐笔与银行对账单核对，对双方都已登记的事项打"√"。

(2) 对日记账和对账单中未打"√"项目进行检查，确认是属于记账错误，还是属于未达账项。

(3) 对查出的企业记账错误按照一定的错账更正方法进行更正，登记入账，调整银行存款日记账账面余额；对银行记账错误通知银行更正，并调整银行对账单余额。

(4) 编制银行存款余额调节表，将属于未达账项的事项计入调节表，计算调节后的余额。

企业银行存款日记账如图 3-28 所示。

银行对账单如图 3-29 所示。

交通银行对账单

账号：41106040577　　　　　　　　　　　　货币：人民币
账户名称：郑州黄河科技有限公司　　　　　　上期余额 150 000.00 元

日期	起息日	业务类型	票据号	摘要	借方	贷方		余额
20140202		汇入汇款	5622021	货款		6 000.00	√	156 000.00
20140205		客户转账	162367	养老	2 841.74		√	153 158.26
20140210		客户转账	19033	医疗	970.75			152 187.51
20140212		转账支票	14535	货款		117 000.00	√	269 187.51
20140218		备用金	14188		3 000.00		√	266 187.51
20140220		汇票	83430	货款	50 000.00		√	216 187.51
20140228		汇票余款	98630	退回余款		3 200.00		219 387.51

图 3-29　银行对账单

通过核对,发现下列未达账项:

(1) 2月28日,银行收到汇票余款3 200元,银行已收妥并登记入账,但企业尚未收到通知,尚未记账。

(2) 2月10日,银行代企业支付医疗保险费970.75元,银行已登记企业存款减少,但企业未收到银行付款通知。

(3) 2月28日,企业送存银行转账支票4 800元,已登记银行存款增加,但银行尚未记账。

(4) 2月28日,企业开出银行转账支票20 000元,但持票人尚未到银行办理转账手续,故银行尚未入账。

> **小提示**
>
> 1. 银行已记增加,企业未记增加。企业记增加。
> 2. 银行已记减少,企业未记减少。企业记减少。
> 3. 企业已记增加,银行未记增加。银行记增加。
> 4. 企业已记减少,银行未记减少。银行记减少。

银行存款余额调节表如图3-30所示。

银行存款余额调节表

存款类型:结算户存款　　　　2014年2月28日　　　　单位:元

项　目	金　额	项　目	金　额
企业银行存款日记账余额	201 958.26	银行对账单余额	219 387.51
加:银行已记增加,企业未记增加	3 200.00	加:企业已记增加,银行未记增加	4 800.00
减:银行已记减少,企业未记减少	970.75	减:企业已记减少,银行未记减少	20 000.00
调节后的存款余额	204 187.51	调节后的存款余额	204 187.51

图3-30　银行存款余额调节表

此种编制方法最直观,易于掌握,双方只需调节对方未达收付项目,直接反映实际存款数。但当未达项目多时易出错。

如果调节后双方账目余额不相符,则说明账簿记录有差错,应进一步查明原因,予以更正;如果银行存款余额调节表的结果,显示双方账目余额相等,一般说明双方记账没有差错,无需做任何调整,调节后的存款余额即为该企业月末可动用的银行存款实有数额。

需要说明的是："银行存款对账单"和"银行存款余额调节表"都不是原始凭证,但它们都是重要的会计资料。

想一想

1. 银行收款的流程是什么?
2. 银行的基本规定有哪些?
3. 怎样填写结算业务申请书?
4. 什么是未达账项?

练一练

一、单项选择题

1. 商业汇票的付款期由交易双方商定,但最长不能超过(　　)个月。
   A. 2　　　　　　　　　　　　　　B. 6
   C. 9　　　　　　　　　　　　　　D. 12
2. 托收承付结算方式中,验单付款的承付期是(　　)天。
   A. 3　　　　　　　　　　　　　　B. 5
   C. 10　　　　　　　　　　　　　 D. 15
3. 汇兑结算的起点金额是(　　)。
   A. 1元　　　　　　　　　　　　　B. 10万元
   C. 没有限制　　　　　　　　　　 D. 以上都不对
4. 支票的提示付款期限为自出票日起(　　)。
   A. 7日　　　　　　　　　　　　　B. 10日
   C. 1个月　　　　　　　　　　　　D. 3个月
5. 不论单位还是个人都不能签发(　　)。
   A. 现金支票　　　　　　　　　　 B. 转账支票
   C. 普通支票　　　　　　　　　　 D. 空头支票

二、多项选择题

1. 票据的(　　)不得更改,更改的票据无效。
   A. 金额　　　　　　　　　　　　 B. 出票日期
   C. 收款人名称　　　　　　　　　 D. 印章
2. 定额本票的面额有(　　)元。
   A. 1 000　　　　　　　　　　　　B. 5 000
   C. 10 000　　　　　　　　　　　 D. 100 000
3. 下列由银行签发的票据有(　　)。

A. 支票 　　　　　　　　　　B. 银行汇票
C. 银行本票　　　　　　　　　D. 商业汇票

4. 下列银行支付结算方式可以用于同城结算的有(　　)。
A. 商业汇票　　　　　　　　　B. 汇兑
C. 委托收款　　　　　　　　　D. 支票

5. 在(　　)情况下,企业银行存款日记账余额会小于银行对账单余额。
A. 企业开出支票,对方未到银行办理划款手续
B. 银行误将其他单位的存款记入本企业银行存款账户
C. 银行收到委托收款手续结算方式下结算款项,企业尚未收到通知
D. 银行代扣水电费,企业尚未接到付款通知

三、判断题

1. 票据的结算凭证金额以文字大写和阿拉伯数码同时记载,两者应当一致;两者不一致时,以文字大写为准。(　　)
2. 结算不受金额起点的限制,不论汇款金额多少均可以办理信汇或电汇结算。(　　)
3. 银行本票分为定额本票和不定额本票,不定额本票的金额起点为500元。(　　)
4. 汇兑结算方式适用于异地、同城的各种款项结算。(　　)
5. 调节后的银行存款余额,是企业当前可以动用的实有存款额。(　　)

四、实训题

资料:郑州黄河科技有限公司属工业企业,一般纳税人,增值税税率17%。

该公司纳税登记证号:41010437247485;

地址:西大街5号;电话:66090758;

开户银行:交通银行市支行;账号:41106040577。

企业法人:姚仕钱;会计主管:张静;开票人:江南;出纳(收款人):李丽。

实训:

1. 2014年2月10日,郑州华源有限公司采购员持转账支票来本厂购买QD-L观片灯5台,每台售价1 500元,超声波检测仪(CTS—9091)1台,单价17 000元(以上单价均为含税价),增值税税率为17%。

购货单位开票资料:

郑州华源有限公司,纳税登记证号:41010217348536;地址:郑州市淮河路53号;电话:66774351;开户银行:交通银行淮河路支行;账号:41106040466。

要求:

(1) 填开增值税发票;
(2) 进行支票背书签章;
(3) 填制进账单,办理银行结算;
(4) 根据经济业务的内容,填制收款凭证。

工商银行 转账支票　　GB00028719

出票日期(大写)：**贰零壹肆年零贰月壹拾日**　　付款行名称：**交通银行淮河路支行**
收款人：**郑州黄河科技有限公司**　　出票人账号：**41106040466**

人民币(大写)	贰万肆仟伍佰元整	亿	千	百	十万	千	百	十	元	角	分
					¥	2	4	5	0	0	0

用途：**购货**

上列款项请从
我账户内支付
出票人签章　　　　　　　　　　　　　　　　　复核　　记账

被背书人	被背书人
被背书人签章　　年　月　日	被背书人签章　　年　月　日

2134400150　　　　　　　**增值税专用发票**　　　　　　　No 01565485

发 票 联　　　　开票日期：　年　月　日

购货单位	名　　　称：		密码区	(略)
	纳税人识别号：			
	地址、电话：			
	开户行及账号：			

货物及应税劳务名称	规格型号	单位	数量	单价	金额	税率	税额
合　计							

价税合计(大写)		(小写)

销货单位	名　　　称：	备注
	纳税人识别号：	
	地址、电话：	
	开户行及账号：	

收款人：　　　　复核：　　　　开票人：　　　　销货单位(盖章)：

交通银行　进账单　（收账通知）　3

年　月　日

出票人	全称		收款人	全称		亿千百十万千百十元角分
	账号			账号		
	开户银行			开户银行		
金额	人民币（大写）					
票据种类		票据张数				
票据号码						

此联是收款人开户银行交给收款人的收账通知

复核　　记账　　　　　　收款人开户银行签章

收款凭证

借方科目：　　　　　　　　　年　月　日　　　　　　字第　号

摘要	贷方总账科目	明细科目	√	金额
				千百十万千百十元角分
合计				

财务主管　　　记账　　　出纳　　　审核　　　制单

附单据　张

2. 2014年2月11日，收到北京通达贸易公司银行汇票一张，金额150 000元，全部用来支付前欠郑州黄河科技有限公司的货款。

要求：
(1) 在银行汇票上填上实际结算金额；
(2) 进行汇票背书签章；
(3) 填制进账单，办理银行结算；
(4) 根据进账单收账通知填写收款凭证。

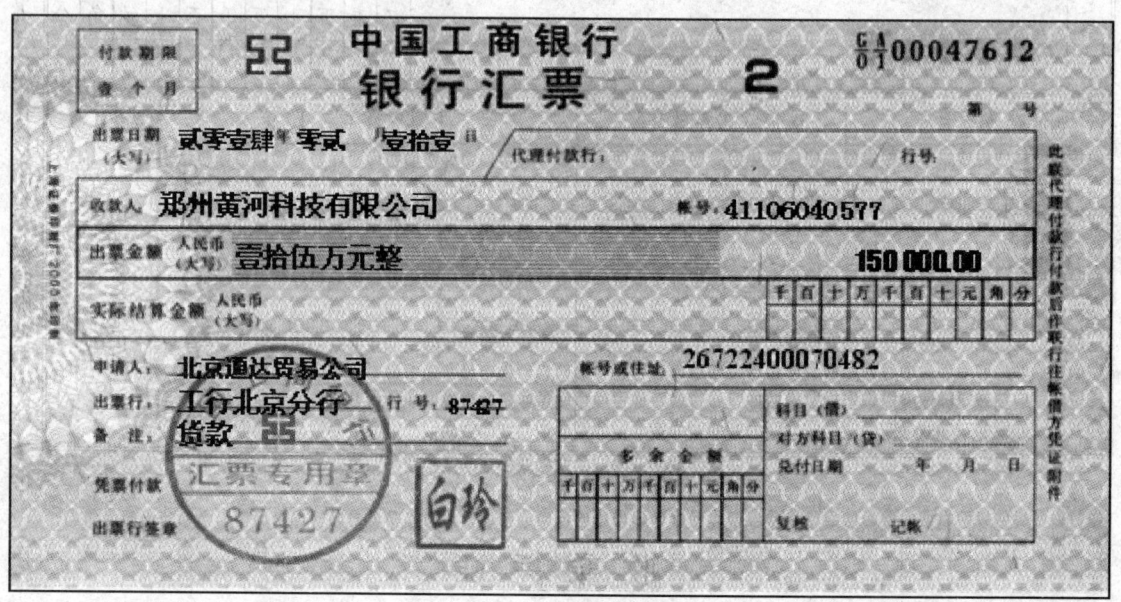

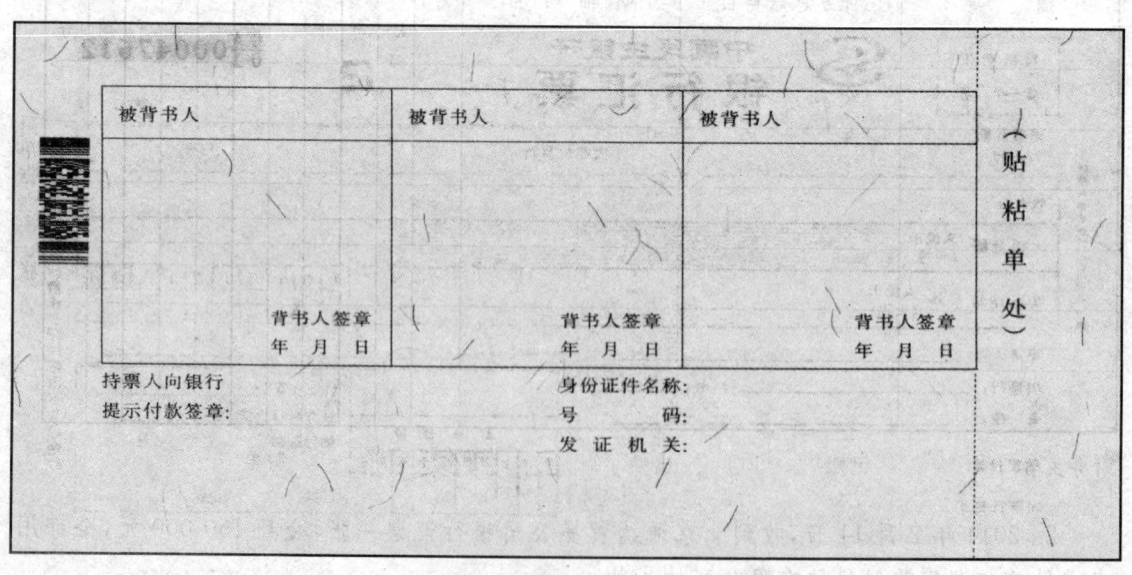

交通银行 进账单（收账通知） 3

年 月 日

出票人	全称		收款人	全称		此联是收款人开户银行交给收款人的收账通知
	账号			账号		
	开户银行			开户银行		
金额	人民币（大写）				亿千百十万千百十元角分	
票据种类		票据张数				
票据号码						

复核　　记账　　　　　　　收款人开户银行签章

收款凭证

借方科目：　　　　　年 月 日　　　　字第　号

摘要	贷方总账科目	明细科目	√	金额 千百十万千百十元角分
合计				

财务主管　　记账　　出纳　　审核　　制单

3. 2014年2月12日，郑州黄河科技有限公司向开户银行申请银行汇票50 000元，用于支付北京三环公司的货款。北京三环公司的账号：11010503789159，开户行：北京工商银行。

要求：

(1) 根据资料填写银行汇票申请书；

(2) 根据银行退回第一联回单填写付款凭证；

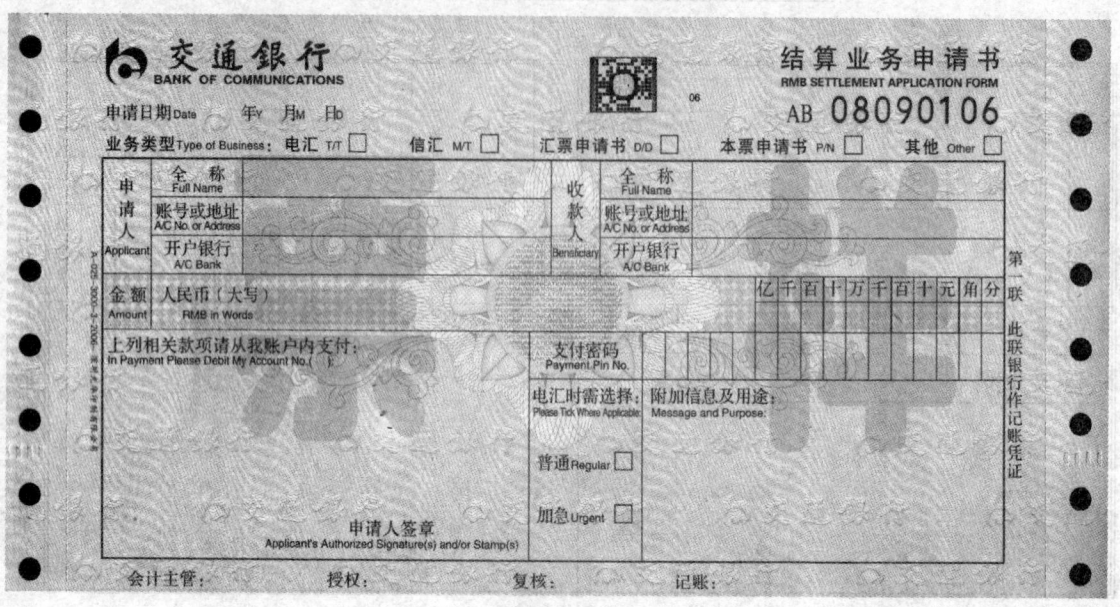

付款凭证

贷方科目：　　　　　　　　　　年　月　日　　　　　　字第　号

摘要	借方总账科目	明细科目	√	金额								
				千	百	十	万	千	百	十	元	角	分
合计													

财务主管　　　记账　　　出纳　　　审核　　　制单

4. 2014年2月15日，黄河科技有限公司向郑州景洪有限公司购买电子元件一批，价税合计款11 700元。

要求：

(1) 开出转账支票支付该批货款；

(2) 根据转账支票存根联填写付款凭证。

2134400150　　　　　　　　　　增值税专用发票　　　　　　　　　　No 032389741

发　票　联　　　　开票日期：2014年02月15日

购货单位	名　　　称：郑州黄河科技有限公司 纳税人识别号：41010437247485 地　址、电　话：西大街5号　66090758 开户行及账号：交通银行市支行 41106040577	密码区	（略）

货物及应税劳务名称	规格型号	单位	数量	单价	金额	税率	税额
电子元件	4147	支	5	2 000.00	10 000.00	17%	1 700.00
合　　　计					¥10 000.00	17%	¥1 700.00

价税合计（大写）	壹万壹仟柒佰元整　　　（小写）¥ 11 700.00

销货单位	名　　　称：郑州景洪有限公司 纳税人识别号：41010317854962 地　址、电　话：天源路45号　89751343 开户行及账号：工商银行市支行 410521364857	备注

收款人：李静　　　　复核：王元　　　　开票人：李新利　　　　销货单位：（盖章）

交通银行 转账支票存根
X Ⅵ00002259

附加信息：_____

出票日期　年　月

收　款　人：
金　　　额：
用　　　途：
单位主管　　　会计

交通银行　转账支票　X Ⅵ00002259

出票日期(大写)　年　月　日　付款行名称：_____
收款人：　　　　　　　　　　　出票人账号：

人民币 （大写）	亿	千	百	十	万	千	百	十	元	角	分

本支票付款期限十天

用途：_____
上列款项请从
我账户内支付
出票人签章　　　　　　　　　　　复核　　　记账

067

付 款 凭 证

贷方科目：		年　月　日			字第　号									
摘　要	借方总账科目	明细科目	√	金　额										
				千	百	十	万	千	百	十	元	角	分	
														附单据
														张
合　计														

财务主管　　　　记账　　　　出纳　　　　审核　　　　制单

5. 2014年2月20日,郑州黄河科技有限公司签发现金支票一张,提取备用金3 000元备用。

要求：

(1) 填写现金支票及背书；

(2) 根据现金支票存根联填写付款凭证。

交通银行
现金支票存根
Ⅹ Ⅵ 0004589

附加信息 _____

出票日期　年　月　日

收款人：

金　额：

用　途：

单位主管　　　会计

本支票付款期十天

交通银行　现金支票　　Ⅹ Ⅵ 0004589

出票日期(大写)　年　月　日　　付款行名称：

收款人：　　　　　　　　　　　出票人账号：

人民币
(大写)　　　亿 千 百 十 万 千 百 十 元 角 分

用途：_____

上列款项请从
我账户内支付
出票人签章

复核　　　记账

附加信息：	
	收款人签章 年 月 日
身份证名称：	发证机关：
号码	

（粘贴单处）

付 款 凭 证

贷方科目：　　　　　　　　　　年　月　日　　　　　　　字第　号

摘　要	借方总账科目	明细科目	√	金　额
				千百十万千百十元角分
合　计				

附单据　张

财务主管　　　记账　　　出纳　　　审核　　　制单

6. 2014年2月，根据郑州黄河科技有限公司银行存款日记账的记录和银行对账单的记录，找出未达账项，编制当月银行存款余额调节表。

交通银行对账单

账号：41106040577　　　　　　　　　　　　　货币：人民币
账户名称：郑州黄河科技有限公司　　　　　　　上期余额 118 196.54 元

日期	业务类型	票据号	摘　要	借方	贷方	余　额
20140201	汇入汇款	456721	付水费	712.00		117 484.54
20140202	客户转账	369157	货款		6 570.00	124 054.54
20140205	转账支票	258123	原材料	81 000.00		43 054.54
20140207	电划		税款	11 468.45		31 586.09
20140210	现金支票	458792	提现金	7 000.00		24 586.09
20140218	转账支票	357159	运费	7 500.00		17 086.09
20140223	转款	423687	收入		55 000.00	72 086.09
20140228	电汇	258165	收入		28 000.00	100 086.09
20140228	货款	258167	电汇	36 683.00		63 403.09
20140228	委托	3548951	电话费	698.53		62 704.56

银行存款日记账

2014年		凭证编号	摘要	对方科目	借方 千百十万千百十元角分	贷方 千百十万千百十元角分	余额 千百十万千百十元角分
月	日						
2	1		期初余额				1181965 4
2	1	2#	付水费	管理费用		71200 0	1174845 0
	2	4#	付货款	原材料	810006570 00		364845 0
	6	7#	收支款	应收账款		1146845	430545 0
	7	9#	付税款	应交税费		7000000	315860 9
	10	16#	提现金	库存现金	5500000	750000 0	245860 9
	17	25#	付运费	材料采购			170860 9
	23	28#	销售产品	主营业务收入		3668300	720860 9
	25	32#	支付货款	应付账款	10000000		354030 9
	27	33#	收到汇票	预收账款		20000000	1354030 9
	28	35#	支付广告费	销售费用		6345	1154030 9
			本月合计		16157000	164363 45	

银行存款余额调节表

存款类型：结算户存款　　　　　　　　年　月　日　　　　　　　　单位：元

项　目	金　额	项　目	金　额
企业银行存款日记账余额		银行对账单余额	
加：银行已记增加，企业未记增加		加：企业已记增加，银行未记增加	
减：银行已记减少，企业未记减少		减：企业已记减少，银行未记减少	
调节后的存款余额		调节后的存款余额	

任务四 银行借款

案例导入

新世纪公司的筹资选择

新世纪公司是一个经营婴幼儿奶粉的公司,该公司由于优先安排了残疾人就业,符合国家的税收优惠政策和银行贷款优惠政策。近年来,由于大量的应收账款不能及时收回,资金紧缺,商品不能及时购买,影响正常经营。为此,公司制定了一系列措施,拟定以采取企业内部筹资和外部筹资相结合的方式,解决资金不足的问题。经财务部门测算,根据目前经营实际,需筹集资金500万元,可行的渠道有向银行贷款集资和股票集资,但两种筹资方式在筹资成本、手续、时间和风险上是不同的,各有利弊。经过测算和论证,最终首选可以享受优惠政策的银行贷款方式。由于以前没有向银行贷过款,贷款需要哪些条件、准备什么资料、需要办理什么手续等问题就成了公司头痛的事。

该怎么办呢?请从下面的内容中找答案吧。

学习目标

通过本任务内容的学习,使学生了解银行借款的基本条件和方法;熟悉银行借款的基本程序;掌握贷款卡的办理手续和银行借款合同的签订方法。

任务分解

一、银行借款的管理

银行借款,是指企业根据其生产经营业务的需要,为弥补自有资金的不足,而向银行或其他金融机构借入的款项,是企业从事生产经营活动资金的重要来源。按借款期限长短分为短期借款和长期借款。随着金融信贷业的发展,可向企业提供贷款的银行和非银行金融

机构增多,企业有可能在各贷款机构之间作出选择,以图对己最为有利。

选择借款银行时,重要的是要选用适宜的借款种类、借款成本和借款条件,此外还应考虑下列有关因素:

(1) 银行对贷款风险的政策。通常,银行对其贷款风险有着不同政策,有的倾向于保守,只愿承担较小的贷款风险;有的富于开拓,敢于承担较大的贷款风险。

(2) 银行对企业的态度。不同银行对企业的态度各不一样。有的银行肯积极地为企业提供建议,帮助分析企业潜在的财力问题,有着良好的服务,乐于为具有发展潜力的企业发放大量贷款,在企业遇到困难时帮助其渡过难关;也有的银行很少提供咨询服务,在企业遇到困难时一味地为清偿贷款而施加压力。

(3) 贷款的专业化程度。一些大银行设有不同的专业部门,分别处理不同类型、行业的贷款。企业与这些拥有丰富专业化贷款经验的银行合作,会更多地受益。

(4) 银行的稳定性。稳定的银行可以保证企业的借款不会中途发生变故。银行的稳定性取决于它的资本规模、存款水平波动程度和存款结构。一般来讲,资本雄厚、存款水平波动小、定期存款比重大的银行稳定性好;反之,则稳定性差。

二、申请贷款

(一) 申请贷款应具备的条件

(1) 经国家工商行政管理部门注册办理营业执照并年检有效,从事特殊行业的须由有权机关颁发生产经营许可证。

(2) 持有人民银行核准发放并经过年检的贷款卡,以及技术监督部门颁发的组织机构代码证。

(3) 产权关系清晰,生产经营正常。

(4) 在银行开立结算账户,自愿接受银行信贷监督和结算监督。

(5) 财务结构合理,资产负债率适度。其中:生产型企业一般不超过60%,商业服务业一般不超过65%,外贸出口型企业一般不超过70%,对外担保不超过资产总额的50%。

(6) 信用记录良好,无不良贷款和欠息;企业法定代表人、主要投资人、股东和管理人员信誉良好、品行端正。

(7) 能够提供贷款人认可的财产抵押、质押或提供连带责任保证担保。

 知识链接

抵押与质押

抵押,在银行或地产界称为按揭,是指提供私人资产(不论是否为不动产)作为债务的担保,多发生于购买房地产时银行借出的抵押贷款或在典当时折现非不动产的物品。

（续上）

> 质押是指债务人或第三人将其特定财产移交给债权人占有、作为债权的担保，在债务人不履行债务时，债权人有权依法以该财产折价或拍卖、变卖该财产的价金优先受偿的物权。该财产称为质物，提供财产的人称为出质人，享有质权的人称为质权人。
>
> 抵押不转移对抵押物的占管形态，仍由抵押人负责抵押物的保管；质押改变了质押物的占管形态，由质权人负责对质押物进行保管。
>
> 一般来说，抵押物毁损或价值减少，由抵押人承担责任，质押物毁损或价值减少由质押权人承担责任。债权人对抵押物不具有直接处置权，需要与抵押人协商或通过上诉由法院判决后完成抵押物的处置；对质押物的处置不需要经过协商或法院判决，超过合同规定的时间债权人就可以处置。

（二）银行贷款发放和收回的方法

贷款方法是银行确定对借款人发放贷款的额度的方法及银行规定的对各种贷款采取的不同发放和收回的具体方法。目前，银行对各种不同的贷款采取不同的发放和收回的具体办法，一般有以下四种：

（1）逐笔申请，逐笔核贷，逐笔定期限，到期收回，指标周转使用。

这种方法一般适用于短期周转性贷款，如工业企业的生产周转贷款、商业企业的周转贷款、物资供销贷款等。它属于企业生产经营流动资金的调节，是对季节性、临时性原因引起的资金不足的补充，每笔贷款的原因、数量及时间各不相同。企业贷款时，应逐笔进行申请，银行逐笔进行审查、确定金额和期限，到期逐笔收回。因为企业的产、供、销必须连续进行，货币资金、生产资金和成品资金三种形态的资金必须依次转换，以保证时间上的继起和空间上的并存。如果贷款指标不允许周转使用，企业资金的正常周转就会中断，从而影响企业的生产经营。

（2）一次申请，集中审核，定期调整，不受指标限制。

这种方法适用于企业因销货在途资金占用而向银行申请结算贷款的管理。由于销货在途资金占用与贷款在时间上、数量上大致平衡，同时又处于联行结算范围内，由银行进行调剂，所以这类贷款没有必要核定指标和期限。另外，由于企业交易频繁，发出商品的次数甚多，也很难做到逐笔核定期限和数量。所以，需要结算贷款的企业，向银行提出一次性申请，不受贷款指标限制，银行根据核定的结算贷款发放率和托收金额来定期调整贷款额度。

（3）逐笔申请，逐笔核贷，逐笔定期限，到期收回。

贷款指标一次性使用，不得周转。这种方法适用于具有专项用途的贷款，如技术改造贷款等。此方法注重控制贷款的供应量，即控制贷款的累计发生额，累计发生额不能超过限额，用多少限额就减多少。因为贷款有专门用途，如果允许周转使用，则会突破固定资产的投资规模。

（4）一次申请，进货销还，不定期限。

这种方法适用于商品流转贷款和物资供销贷款。根据实际情况，下达一定时期内的贷款指标，企业进货时自动增加贷款，销售时直接减少贷款。贷款不定期限，在指标范围内，贷款可以周转使用，需要突破贷款指标时，则要另行申请调整贷款指标。

（三）贷款卡的办理

凡需要向各金融机构申请贷款，办理承兑汇票、信用证、授信、保函和提供担保等信贷业务的法人企业、非法人企业、事业法人单位和其他借款人，均须向营业执照（或其他有效证件）注册地的中国人民银行各城市中心支行或所属县支行申请领取贷款卡。

1. 贷款卡发放与管理机关

根据中国人民银行总行授权，人民银行各城区中心支行及所属支行是贷款卡管理机关，负责发卡、延续和各项监督管理。

贷款卡如图4-1所示。

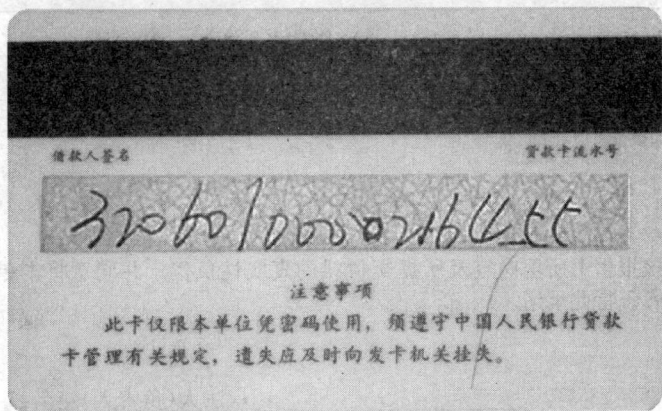

图4-1　贷款卡

2. 贷款卡的办理流程及需提供的资料

贷款卡办理流程如图4-2所示。

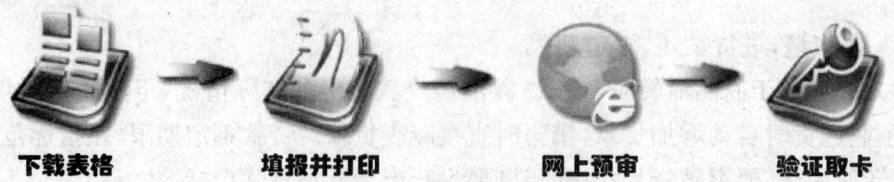

图 4-2 贷款卡办理流程

第一步：表格下载。

(1) 将《贷款卡申请书》、《借款人基本信息模板》、《借款人财务报表模板》下载完毕后，按照第二步的表格填写说明填写。

(2) 按照要求填写完《借款人基本信息模板》、《借款人财务报表模板》后，使用"在线预上报"功能上传表格。

(3) 表格模板下载：

1	《借款人基本信息模板》	New_JBXX.xls	下载
2	《借款人财务报表模板》	New_CWXX.xls	下载
3	《贷款卡申请书》	XB_Sqb.doc	下载

第二步：表格填写说明。

(1)《贷款卡申请书》上半部分录入完打印一份，法人代表、财务负责人、经办人亲笔签字，代签无效。

贷款卡申请书如图 4-3 所示。

贷款卡申请书

借款人全称：_____

组织机构代码：_____ 贷款卡编码：_____

法定代表人（负责人）：_____ 身份证件号码：_____

借款人承诺

　　本单位承诺对该报告书所填内容及所提交材料的真实性负责。并同意将本单位信息纳入企业信用信息基础数据库。特此承诺。

单位盖章：（盖章单位公章）

法人（负责人）签名：_____
财务责任人签名：_____
经办填表人签名：_____
　　　　　　　年　　月　　日

<table>
<tr><td colspan="2" align="center">受理机关审查意见</td></tr>
<tr><td>经办人：_____</td><td></td></tr>
<tr><td>审批人：_____</td><td>受理机关盖章：
年　月　日</td></tr>
</table>

图4-3　贷款卡申请书

（2）"借款人基本信息"模板：

① 概况信息，如图4-4所示。

中国人民银行中心支行

一、基本信息概况

借款人中文名称*				借款人性质*	
借款人外文名称				法人企业	
借款人国别*		行政区划*		省　市　县	
组织机构代码*			登记注册号*		
注册登记日期*		年　月　日	营业执照到期日*		年　月　日
国税登记证号码*			地税登记证号码*		
登记注册类型*			行业分类*		
借款人特征*			从业人数*		成立年份*
法定注册地址*					
通讯地址*		省　　　市(县/区)　　　路(街)　　　号			
邮政编码*			传真号码		
联系电话*			财务部门电话1*		
E-mail地址			财务部门电话2		
借款人网址			财务部门电话3		
集团客户标志(是/否)		□是 □否	进出口权标志(是/否)		□是 □否
上市公司标志(是/否)		□是 □否	上市地1		股票代码1
上市地2	股票代码2		上市地3		股票代码3

(续图)

经营场地面积		平方米	经营场地所有权	
主要产品情况（经营范围）				
经办人姓名		证件类型		证件号码	

图表 4-4 基本信息概况表

注：本表所称"借款人"即贷款卡申请单位。表中"＊"数据项为必填项（以下各表相同）。
 a. 借款人性质：分为企业法人、企业非法人、个体工商户、事业单位法人、其他。
 b. 行政区划：指借款人注册地的行政区划。
 c. 登记注册类型：分为国有企业、集体企业、股份合作企业、联营企业、有限责任公司、股份有限公司、私营企业、港澳台投资企业、外商投资企业、个体经营、其他。
 d. 行业分类：请参阅《国民经济行业分类（国家标准：GB/T 4754-2002）》。
 e. 借款人特征：分为大型、中型、小型、其他。请参阅《大中小型企业划分标准》。
 f. 注册地址：按营业执照上所载明的"住所"填报。
 g. 通讯地址：请填写企业（单位）现办公（经营）场所的详细地址，须保证邮件能正常投递。
 h. E-mail 地址：请填企业（单位）的电子邮箱地址，该电子邮箱应有人定期查看。
 i. 借款人网址：指本企业（单位）的企业网主页网址。
 j. 经营场地所有权：分为自有、租赁、其他。

② 注册资本，如图 4-5 所示。

二、注册资本信息

注册资金币种＊		注册资金（万元）＊	

图 4-5 注册资本信息表

注：注册资金：请按《法人企业营业执照》上载明的"注册资本"填写。

③ 资本构成，如图 4-6 所示。

三、资本构成情况

（一）单位出资情况

出资单位全称＊	出资情况＊		出资单位证件号码＊		
	币种＊	金额（万元）	组织机构代码	贷款卡编码	登记注册号

（二）自然人出资情况

出资人姓名*	出资情况		身份证件类型*	身份证件号码*
	币种*	金额（万元）		

图4-6 资本构成表

注：a. 资本构成情况按企业最新的出资情况填写，如与《验资报告》等出资证明材料上的信息不同，需提交变更证明材料。

b. 若出资方为企业，应填写出资单位贷款卡编码、组织机构代码、登记注册号中的至少一个。

c. 身份证件类型：分为身份证、户口簿、军官证、士兵证、警官证、回乡证、通行证、临时身份证、外国人居留证、其他证件。

④ 对外投资，如图4-7所示。

四、对外投资情况

被投资单位名称*	被投资单位证件号码*		投资币种*	投资金额（万元）*
	贷款卡编码	组织机构代码		

图4-7 资本构成表

注：被投资单位证件号码至少选填"组织机构代码"和"贷款卡编码"中的一个。

⑤ 高管人员情况表，如图4-8所示。

五、高级管理人员情况

	高管类别*	姓名*	性别	身份证件类型*	身份证件号码*	出生日期	最高学历
1							
	工作简历						
	高管类别*	姓名*	性别	身份证件类型*	身份证件号码*	出生日期	最高学历
2							
	工作简历						

图4-8 高级管理人员情况表

注：a. 高管类别：分为法定代表人、总经理、财务负责人等。
b. 身份证件类型同上。

⑥ 法人代表家族企业成员信息，如图4-9所示。

六、法人家族企业成员信息

	家族关系*	姓名*	身份证件类型*	身份证件号码*	所在企业贷款卡编码*
1					
	家族成员所在企业名称*				
	家族关系*	姓名*	身份证件类型*	身份证件号码*	所在企业贷款卡编码*
2					
	家族成员所在企业名称*				
	家族关系*	姓名*	身份证件类型*	身份证件号码*	所在企业贷款卡编码*
3					
	家族成员所在企业名称*				

图4-9 法人家族企业成员信息表

注：a. 法人家族企业成员：指在本企业和其他企业担任高级管理人员的法定代表人的直系和旁系亲属。
b. 家族关系：分为配偶、父母、子女、其他血亲、其他姻亲。
c. 其他血亲包括：祖父、祖母、外祖父、外祖母、伯、叔、姑、舅、姨、兄、弟、姐、妹、堂兄、堂弟、堂姐、堂妹、表兄、表弟、表姐、表妹、侄子、侄女、外甥、外甥女、孙子、孙女、外孙、外孙女。
d. 其他姻亲包括：公公、婆婆、岳父、岳母、伯母、婶婶、姑父、姑母、舅母、姨丈、嫂、弟妇、姐夫、妹夫、大伯（哥）、小叔（子）、大姑（姐）、小姑（子）、大舅（子）、小舅（子）、大姨（子）、小姨（子）、儿媳、女婿。

⑦ 集团信息，如图 4-10 所示。

七、集团公司/母公司信息

上级（母）公司名称*			
上级（母）公司贷款卡编码		上级（母）公司机构代码	

图 4-10 集团公司信息表

注：若有上级（母）公司，则"上级（母）公司贷款卡编码"、"上级（母）公司机构代码"中至少选填一项。

(3) "借款人财务报表"模板：

① 资产负债表，如图 4-11 所示。

资产负债表

会企 01 表

编制单位： 　　税款所属期间：自　年　月　日至　年　月　日　　　　单位：元

资产	行次	期末余额	年初余额	负债和所有者权益（或股东权益）	行次	期末余额	年初余额
流动资产：	1			流动负债：	34		
货币资金	2			短期借款	35		
交易性金融资产	3			交易性金融负债	36		
应收票据	4			应付票据	37		
应收账款	5			应付账款	38		
预付款项	6			预收款项	39		
应收利息	7			应付职工薪酬	40		
应收股利	8			应交税费	41		
其他应收款	9			应付利息	42		
存货	10			应付股利	43		
一年内到期的非流动资产	11			其他应付款	44		
其他流动资产	12			一年内到期的非流动负债	45		
流动资产合计	13			其他流动负债	46		
非流动资产：	14			流动负债合计	47		
可供出售金融资产	15			非流动负债：	48		

(续图)

资　产	行次	期末余额	年初余额	负债和所有者权益（或股东权益）	行次	期末余额	年初余额
持有至到期投资	16			长期借款	49		
长期应收款	17			应付债券	50		
长期股权投资	18			长期应付款	51		
投资性房地产	19			专项应付款	52		
固定资产	20			预计负债	53		
在建工程	21			递延所得税负债	54		
工程物资	22			其他非流动负债	55		
固定资产治理	23			非流动负债合计	56		
生产性生物资产	24			负债合计	57		
油气资产	25			所有者权益（或股东权益）	58		
无形资产	26			实收资本（或股本）	59		
开发支出	27			资本公积	60		
商誉	28			减：库存股	61		
长期待摊费用	29			盈余公积	62		
递延所得税资产	30			未分配利润	63		
其他非流动资产	31			所有者权益（或股东权益）合计	64		
非流动资产合计	32				65		
资产总计	33			负债和所有者权益（或股东股益）总计	66		

图 4-11 资产负债表

② 利润及利润分配表，如图 4-12、4-13 所示。

利　润　表

会企 02 表

编制单位： 　税款所属期间：自　年　月　日至　年　月　日　　　单位：元

项　目	行次	本期金额	上期金额
一、营业收入	1		
减：营业成本	2		

(续图)

项 目	行次	本期金额	上期金额
营业税金及附加	3		
销售费用	4		
管理费用	5		
财务费用	6		
资产减值损失	7		
加：公允价值变动净收益（损失以"－"号填列）	8		
投资收益（损失以"－"号填列）	9		
其中：对联营企业和合营企业的投资受益	10		
二、营业利润（亏损以"－"号填列）	11		
加：营业外收入	12		
减：营业外支出	13		
其中：非流动资产处置损失	14		
三、利润总额（亏损总额以"－"号填列）	15		
减：所得税费用	16		
四、净利润（净亏损以"－"号填列）	17		
五、每股收益：	18		
（一）基本每股收益	19	——	
（二）稀释每股收益	20	——	

图 4-12 利润表

利 润 分 配 表

编制单位： 年 月份 单位：元

项 目	行次	本月数	本年数累计实际数	上年同期累计实际
一、净利润	1			
	2			
加：年初未分配利润	3			
补交上年企业所得税	4			
	5			
二、可供分配的利润	6			
加：盈余公积金补亏	7			
	8			

(续图)

项 目	行次	本月数	本年数累计实际数	上年同期累计实际
减：提取盈余公积	9			
其中：提取的公益金	10			
减：应付利润	11			
其中：应付个人投资利润	12			
	13			
	14			
	15			
三、未分配利润	16			

图 4-13 利润分配表

③ 现金流量表，如图 4-14 所示。

现 金 流 量 表

编制单位：　　　　　税款所属期间：自　年　月　日至　年　月　日　　　　单位：元

项 目	行次	本期金额	上期金额
一、经营活动产生的现金流量：	1		
销售商品、提供劳务收到的现金	2		
收到的税费返还	3		
收到其他与经营活动有关的现金	4		
经营活动现金流入小计	5		
购买商品、接受劳务支付的现金	6		
支付给职工以及为职工支付的现金	7		
支付的各项税费	8		
支付其他与经营活动有关的现金	9		
经营活动现金流出小计	10		
经营活动产生的现金流量净额	11		
二、投资活动产生的现金流量：	12		
收回投资收到的现金	13		
取得投资收益收到的现金	14		
处置固定资产、无形资产和其他长期资产收回的现金净额	15		

(续图)

项 目	行次	本期金额	上期金额
处置子公司及其他营业单位收到的现金净额	16		
收到其他与投资活动有关的现金	17		
投资活动现金流入小计	18		
购建固定资产、无形资产和其他长期资产支付的现金	19		
投资支付的现金	20		
取得子公司及其他营业单位支付的现金净额	21		
支付其他与投资活动有关的现金	22		
投资活动现金流出小计	23		
投资活动产生的现金流量净额	24		
三、筹资活动产生的现金流量：	25		
吸收投资收到的现金	26		
取得借款收到的现金	27		
收到其他与筹资活动有关的现金	28		
筹资活动现金流入小计	29		
偿还债务支付的现金	30		
分配股利、利润或偿付利息支付的现金	31		
支付其他与筹资活动有关的现金	32		
筹资活动现金流出小计	33		
筹资活动产生的现金流量净额	34		
四、汇率变动对现金及现金等价物的影响	35		
五、现金及现金等价物净增加额	36		
加：期初现金及现金等价物余额	37		
六、期末现金及现金等价物余额	38		
补 充 资 料	行次	本期金额	上期金额
1.将净利润调节为经营活动现金流量：	39		
净利润	40		
加：资产减值准备	41		
固定资产折旧、油气资产折耗、生产性生物资产折旧	42		

(续图)

补充资料	行次	本期金额	上期金额
无形资产摊销	43		
长期待摊费用摊销	44		
处置固定资产、无形资产和其他长期资产的损失(收益以"－"号填列)	45		
固定资产报废损失(收益以"－"号填列)	46		
公允价值变动损失(收益以"－"号填列)	47		
财务费用(收益以"－"号填列)	48		
投资损失(收益以"－"号填列)	49		
递延所得税资产减少(增加以"－"号填列)	50		
递延所得税负债增加(减少以"－"号填列)	51		
存货的减少(增加以"－"号填列)	52		
经营性应收项目的减少(增加以"－"号填列)	53		
经营性应付项目的增加(减少以"－"号填列)	54		
其他	55		
经营活动产生的现金流量净额	56		
2. 不涉及现金收支的重大投资和筹资活动：	57		
债务转为资本	58		
一年内到期的可转换公司债券	59		
融资租入固定资产	60		
3. 现金及现金等价物净变动情况：	61		
现金的期末余额	62		
减：现金的期初余额	63		
加：现金等价物的期末余额	64		
减：现金等价物的期初余额	65		
现金及现金等价物净增加额	66		

图 4-14 现金流量表

第三步：网上预审。

(1) 首先上传"借款人基本信息"模板，然后上传"借款人财务报表"模板。

(2) 上传成功后，请等待预审结果，预审一般需要1~2天，在此期间可通过首页的查询查复功能查询预审结果。

(3) 预审通过后，请按照现场办理审验的要求，准备好相关资料，至现场进行审验并取卡。

第四步：现场审验。

网上校验成功2个工作日后，请携带下列资料，到中国人民银行办理审验。

（1）法人企业提交有效的《企业法人营业执照》、非法人企业提交有效的《营业执照》、事业单位提交事业单位登记证、其他组织提交其合法性的证明材料，以上资料均需复印件并出示副本原件。

（2）有效的《组织机构代码证》副本原件及复印件。

（3）《税务登记证》副本原件及复印件。

（4）《开户许可证》原件及复印件。

（5）本企业的验资报告或国有资产产权登记证复印件。

（6）法定代表人、财务负责人、经办人的有效身份证件（身份证、外籍护照、回乡证等）的复印件。

（7）出资人的身份证复印件或出资单位的组织代码证复印件。

（8）经营场所的房屋租赁合同或产权证的复印件。

（9）办卡时上一年度的资产负债表、利润及利润分配表、现金流量表原始报表或复印件（新成立企业提供上月资产负债表，各报表须加盖企业公章和财务负责人、制表人印章）。

（10）法人、财务负责人、经办人亲笔签字的《贷款卡申请表》以及打印的"借款人基本信息"模板中的表1、表2、表3、表5，即本教材的图4-4、图4-5、图4-6、图4-8。

（11）中国人民银行要求提供的其他资料。

注：提供的所有复印件，一律按A4规格复印1份，并加盖公章，并带公章前往银行办理。

（四）贷款卡的使用

在贷款卡的使用中，企业应遵守并注意以下规定。

（1）企业领取贷款卡后，方有资格办理借款还款手续。

（2）企业申请借款时，金融机构信贷部门必须查验借款企业的贷款卡。决定向其贷款后，信贷人员须在贷款证上逐笔登记，并签字盖章。

（3）企业归还贷款时，应持金融机构会计部门填制的贷款偿付凭证和贷款卡，到金融机构信贷部门及时作还款记录。信贷人员须在贷款证上逐笔登记，并签字盖章。

（4）贷款证不得出借、出租、转让、涂改、伪造。

（5）金融机构信贷部门查验企业贷款证的时间不得超过15天。

（6）信贷部门办理保证贷款时，必须同时查验保证企业的贷款证。决定办理保证贷款后，贷款人员须同时在被保证企业和保证企业贷款证上逐笔登记，并签字盖章。

（7）企业归还保证贷款时，借款企业应及时通知保证企业持其贷款证到信贷部门做核销登记，由信贷人员签字盖章。

（8）企业在注册地以外城市金融机构办理借款还款手续，要持其所在城市发证机关颁发的贷款证按上述相同程序在异地贷款栏中登记。

（9）资信评估机构对企业评级，并在企业资信登记记录栏中记录后，应加盖公章。

(五) 贷款卡年审

根据《中国人民银行法》和中国人民银行《银行信贷登记咨询管理办法(试行)》之规定，为确保企业信用信息基础数据库数据的及时性、准确性与完整性，保护企业利益和防范信贷风险，对持有贷款卡的企业法人、事业法人、企业非法人、个体工商户等，进行贷款卡年审，年审期间贷款卡仍然有效。

三、借款

借款是指企业向银行等金融机构以及其他单位借入的资金，包括信用贷款、抵押贷款和信托贷款等。

借款可分为长期借款和短期借款两大类。

(一) 长期借款

长期借款是指企业从银行或其他金融机构借入的期限在1年以上(不含1年)的借款。我国股份制企业的长期借款主要是向金融机构借入的各项长期性借款，如从各专业银行、商业银行取得的贷款；除此之外，还包括向财务公司、投资公司等金融企业借入的款项。

长期借款可按以下不同标志进行分类：

(1) 按照借款用途的不同，可以分为基本建设借款、技术改造借款和生产经营借款三类。

(2) 按照偿还方式的不同，可以分为定期一次性偿还的长期借款和分期偿还的长期借款两类。

(3) 按照付息方式与本金的偿还方式的不同，可分为分期付息到期还本长期借款、到期一次还本付息长期借款、分期偿还本息长期借款。

(4) 按照涉及货币种类的不同，可以分为人民币长期借款和外币长期借款。

(5) 按照来源的不同，可以分为从银行借入的长期借款和从其他金融机构借入的长期借款等。

(二) 短期借款

短期借款是指企业用来维持正常的生产经营所需临时资金等原因而向银行或其他金融机构等外单位借入的、还款期限不超过1年的一个经营周期内的各种借款。

工商企业的短期借款一般有以下几种类型：

(1) 经营周转借款：亦称生产周转借款或商品周转借款。企业因流动资金不能满足正常生产经营需要，而向银行或其他金融机构取得的借款。办理该项借款时，企业应按有关规定向银行提出年度、季度借款计划，经银行核定后，在借款计划之内根据借款借据办理借款。

(2) 临时借款：企业因季节性和临时性客观原因，正常周转的资金不能满足需要，超过生产周转或商品周转款额划入的短期借款。临时借款实行"逐笔核贷"的办法，借款期限一般为3~6个月，按规定用途使用，并按核定期限归还。

(3) 结算借款：在采用托收承付结算方式办理销售货款结算的情况下，企业为解决商品发出后至收到托收货款前所需要的在途资金而借入的款项。企业在发货后的规定期间(一般为3天,特殊情况最长不超过7天)内向银行托收的,可申请托收承付结算借款。借款金额通常按托收金额和商定的折扣率进行计算,大致相当于发出商品销售成本加代垫运杂费。企业的货款收回后,银行将自行扣回其借款。

(4) 票据贴现借款:持有银行承兑汇票或商业承兑汇票的,发生经营周转困难时,申请票据贴现的借款,期限一般不超过3个月。贴现借款额一般是贴现的票面金额扣除贴现息后的金额,贴现借款的利息即为票据贴现息,由银行办理贴现时先行扣除。

(5) 卖方信贷:产品列入国家计划,质量在全国处于领先地位的企业,经批准采取分期收款销售引起生产经营资金不足而向银行申请取得的借款。这种借款应按货款收回的进度分次归还,期限一般为1~2年。

(6) 预购定金借款:商业企业为收购农副产品发放预购定金而向银行借入的款项。这种借款按国家规定的品种和批准的计划标准发放,实行专户管理,借款期限最多不超过1年。

(7) 专项储备借款:商业批发企业经国家批准储备商品而向银行借入的款项。这种借款必须实行专款专用,借款期限根据批准的储备期确定。

(三)银行借款的办理程序

企业需要向银行借款,应遵循以下程序。

1. 借款申请

实际工作中,借款方提出借款申请,一般采用填写"借款申请书"的方式提出(如图4-15所示),并提供以下有关资料:

(1) 借款人上一年度经工商行政管理部门办理年检手续证明文件的复印件;

(2) 借款人上一年度和最近一期的财务报告及生产经营、物资材料供应、产品销售和出口创汇计划及有关统计资料;

(3) 借款人的"贷款卡",以及借款人在银行开立基本账户、其他账户的情况,原有借款的还本付息情况;

(4) 借款人财务负责人的资格证书和聘用书复印件;

(5) 购销合同复印件或反映企业资金需求的有关凭证、资料,项目建设书或项目可行性研究报告和国家有关部门的批准文件原件;

(6) 非负债的自筹资金落实情况的证明文件;

(7) 贷款行还需要提供的其他资料。

2. 贷款方审查

银行必须对借款方的申请进行审查,以确定是否给予贷款。审查内容包括两个方面。

(1) 形式审查。即检查"借款申请书"等有关内容的填写是否符合要求,有关的批准文件、计划是否具备等。

(2) 实体审查。即检查"借款申请书"有关内容是否真实、正确、合法。对于符合贷款条件的项目,可在"借款申请书"的审查意见栏内注明"同意贷款"字样。

3. 签订借款合同

借款单位的借款申请,经银行审查同意后,借贷双方即可签订"借款合同"。在借款合同中,应明确规定贷款的种类、金额、用途、期限、利率、还款期限、结算办法和违约责任等条款,以及当事人双方协商不定期的其他事项。

(1) 企业借款申请书,如图 4-15 所示。

企业借款申请书

日期: 年 月 日

企业名称		开户银行和账号	
年、季度借款计划		已借金额	
申请借款金额		借款用途	
借款种类		借款期限	
借款原因			
还款计划			
主管部门意见	(盖章)		借款单位公司章 法人代表章
银行审查意见	批准金额(大写)		批准期限
	法人代表章 经办人章 日期: 年 月 日		

图 4-15 企业借款申请书

(2) 借款合同范本:

中国人民建设银行借款合同范本

立合同单位:

_____(简称借款方)

贷款银行_____行(简称贷款方)

根据国家规定,借款方为进行基本建设所需贷款,经贷款方审查同意发放。为明确双方责任,恪守信用,特签订本合同,共同遵守。

第一条 借款方向贷款方借款人民币(大写)_____元,用于_____。预计用款为_____年_____元;_____年_____元;_____年_____元;_____年_____元;_____年_____元。

第二条 自支用贷款之日起,按实际支用数计算利息,并计算复利。在合同规定的借款期内,年息为_____%。借款方如果不按期归还贷款,逾期部分加收利息_____%。

第三条 借款方保证从_____年_____月起至_____年_____月止,用国家规定的还贷资金偿还全部贷款。预定为：_____年_____元；_____年_____元；_____年_____元；_____年_____元；_____年_____元；_____年_____元。逾期不还的，贷款方有权限期追回贷款，或者商请借款单位的其他开户银行代为扣款清偿。

第四条　因国家调整计划、产品价格、税率，以及修正概算等原因，需要变更合同条款时，由双方签订变更合同的文件，作为本合同的组成部分。

第五条　贷款方有权检查、监督贷款的使用情况，了解借款方的经营管理、计划执行、财务活动和物资库存等情况。借款方应提供有关的统计、会计报表及资料。

第六条　贷款方保证按照本合同的规定供应资金。因贷款方责任，未按期提供贷款，应按延期天数，以违约数额的_____%付给借款方违约金。

第七条　借款方应按合同规定使用贷款。否则，贷款方有权收回部分或全部贷款，对违约使用的部分按原定利率加收罚息_____%。

第八条　本合同经过双方签字、盖章后生效，贷款本息全部清偿后生效。合同正本一式2份，借、贷双方各执1份；副本_____份，报送_____、_____、_____等部门各执1份。

借款方：（公章）　　　　　　　　　　　贷款方：（公章）
地址：　　　　　　　　　　　　　　　　地址：
法人代表：（签字）　　　　　　　　　　法人代表：（签字）
开户银行及账号：
签约日期：　　　年　　月　　日
签约地点：

中小企业获得银行贷款的技巧

一要建立良好的银企关系；二要写好投资项目可行性研究报告；三要突出项目特点；四要选择合适的贷款时机。

想一想

1. 企业向银行借款时应考虑哪些因素？
2. 向银行申请贷款应具备什么样的条件？
3. 银行贷款发放和收回的方法有哪几种？
4. 贷款卡的办理需哪几道程序？

5. 企业向银行借款应遵循哪些程序?

练一练

一、单项选择题

1. "逐笔申请,逐笔核贷,逐笔定期限,到期收回,指标周转使用"的方法一般适用于( )。
   A. 短期周转性贷款　　　　　　B. 结算贷款
   C. 专项贷款　　　　　　　　　D. 技术改造借款

2. 具有专项用途的贷款的发放和收回一般应采用的方法是( )。
   A. 逐笔申请,逐笔核贷,逐笔定期限,到期收回,指标周转使用
   B. 一次申请,集中审核,定期调整,不受指标限制
   C. 逐笔申请,逐笔核贷,逐笔定期限,到期收回
   D. 一次申请,进货销还,不定期限

3. 银行借款自( )之日起,按实际支用数计算利息,并计算复利。
   A. 合同签订　　　　　　　　　B. 支用贷款
   C. 贷款卡办理　　　　　　　　D. 达成贷款意向

4. 借款企业应保持合理的财务结构,资产负债率要适度。其中:( )企业一般不超过60%,对外担保不超过资产总额的50%。
   A. 生产型　　　　　　　　　　B. 商业
   C. 服务　　　　　　　　　　　D. 外贸出口型

5. 贷款方保证按照借款合同的规定供应资金。因贷款方责任,未按期提供贷款,应按延期天数,以违约数额的一定比例支付给借款方( )。
   A. 违约金　　B. 罚金　　C. 赔偿金　　D. 佣金

二、多项选择题

1. 选择借款银行时,重要的是要选用适宜的借款种类、借款成本和借款条件,此外还应考虑的有关因素有( )。
   A. 银行对贷款风险的政策　　　B. 银行对企业的态度
   C. 贷款的专业化程度　　　　　D. 银行的稳定性

2. 《贷款卡申请书》上必须由( )亲笔签字方为有效。
   A. 法人代表　　　　　　　　　B. 财务负责人
   C. 经办人　　　　　　　　　　D. 出纳员

3. 下列借款中,属于企业短期借款的有( )。
   A. 临时借款　　　　　　　　　B. 结算借款
   C. 票据贴现借款　　　　　　　D. 基本建设借款

4. 银行必须对借款方的借款申请进行审查,以确定是否给予贷款。审查内容包括

　　　　（　　）两个方面。
　　　　A. 形式审查　　　　B. 实体审查　　　　C. 完整性　　　　D. 正确性审查
5. 《借款人财务报表模板》中的财务报表主要包括（　　）。
　　　　A. 资产负债表　　　　　　　　　　　B. 利润及利润分配表
　　　　C. 现金流量表　　　　　　　　　　　D. 合并报表

三、判断题

1. 企业生产经营资金短缺时，除了向银行借款外，别无他法。（　　）
2. 企业没有人民银行核准发放并经过年检的贷款卡以及技术监督部门颁发的组织机构代码证，也可以办理银行借款。（　　）
3. 贷款卡发放与管理机关是各大商业银行。（　　）
4. 托收承付结算借款的借款金额通常按托收金额和商定的折扣率进行计算，大致相当于发出商品销售成本加代垫运杂费。（　　）
5. 银行借款合同一经签订生效，就不允许变更任何条款。（　　）

四、实训题

1. 根据下列有关资料，填制贷款卡申请书。

借款人全称：郑州金色星××有限公司　　　组织机构代码：4102334×-×
贷款卡编码：21010300000123××　　　　　法定代表人（负责人）：何××
身份证件号码：410105198101010×××　　　财务部经理（负责人）：郭××
经　办　人：杨××　　　　　　　　　　　申请日期：2014年6月18日
贷款卡办理机关：中国人民银行郑州中心支行
金融机构经办人：王××　　　　　　　　　金融机构审批人：杨×

贷款卡申请表

借款人全称：_____

企业（单位）代码：_____　　贷款卡编码：_____

借款人承诺

　　本单位承诺对该报告书所填内容及所提交材料的真实性负责。并同意将本单位信息纳入企业信用信息基础数据库。特此承诺。

　　　　　　　　　　　　　　　　　　　　　　　法人（负责人）签名：_____
　　　　　　　　　　　　　　　　　　　　　　　财务责任人签名：_____
　　单位盖章：（盖章单位公章）　　　　　　　　经办填表人签名：_____
　　　　　　　　　　　　　　　　　　　　　　　　　　　　　年　　月　　日

经办人：_____	
	受理机关盖章：
审批人：_____	
	年　月　日

受理机关审查意见（标题）

2. 根据下列有关资料，填制企业借款申请书。

企业名称：河南瑞佳联合会计师事务所
开户银行：中行郑州市支行未来路分理处　　账号：4563 5108 0002 9569 315
年、季度借款计划：100万元　　已借金额：50万元
申请借款金额：15万元　　借款用途：临时周转
借款种类：临时借款　　借款期限：2个月
借款原因：购置现代办公机具　　还款计划：2个月
借款单位法人代表：朱×　　申请日期：2014年7月20日
主管部门：金融机构法人代表：于××　　金融机构经办人：尤××

企业借款申请书

日期：　年　月　日

企业名称		开户银行和账号	
年、季度借款计划		已借金额	
申请借款金额		借款用途	
借款种类		借款期限	
借款原因			
还款计划			
主管部门意见	（盖章）	借款单位公司章 法人代表章	
银行审查意见	批准金额（大写）	批准期限	
	法人代表章　　经办人章 日期：　　年　月　日		

任务五　银行结算账户的开立、变更和撤销

案例导入

新建公司的开户疑惑

AAA 实业公司由张顺(40%)、王成(20%)、李达(40%)三位股东组成。张顺任董事长(法定代表人),李达为总经理,王成为财务主管。顺利经过验资后,现已取得了《企业法人营业执照》、组织机构代码证、税务登记证、公司印章等。经协商后选定距离公司较近的中国建设银行作为开户银行。可是,银行开户需要准备哪些资料?需要经过什么程序呢?财务主管王成犯了难,因为自己在这方面的专业知识很欠缺。

到底公司如何到建设银行开户呢?请从下面的内容中找答案吧。

学习目标

通过本任务内容的学习,使学生了解银行结算账户的种类和账户管理的基本原则;掌握银行结算账户开立的条件、变更和撤销的具体规定以及银行账户的开户申请书、变更申请书和撤销申请书的填写。

任务分解

一、银行结算账户的概念

银行结算账户,是指银行为存款人开立的办理资金收付结算的人民币活期存款账户。银行结算账户按存款人分为单位银行结算账户和个人银行结算账户。存款人以单位名称开立的银行结算账户为单位银行结算账户。存款人凭个人身份证件以自然人名称开立的银行结算账户为个人银行结算账户。

二、银行结算账户管理的基本原则

根据《人民币银行结算账户管理办法》的规定,银行结算账户的管理应遵守以下基本原则:

(1) 一个基本账户原则。即存款人只能在银行开立一个基本存款账户,不能多头开立基本存款账户。存款人在银行开立基本存款账户,实行由中国人民银行当地分支机构核发开户许可制度。

(2) 自愿选择原则。即存款人可以自主选择银行开立账户,银行也可以自愿选择存款人开立账户。任何单位和个人不得强制干预存款人和银行开立或使用账户。

(3) 存款保密原则。即银行必须依法为存款人保密,维护存款人资金的自主支配权。除国家法律规定和国务院授权中国人民银行总行的监督项目外,银行不代任何单位和个人查询、冻结、扣划存款人账户内存款。

三、银行结算账户的开立

企业存款账户分为基本存款账户、一般存款账户、专用存款账户、临时存款账户等几种类别。如图 5-1 所示。

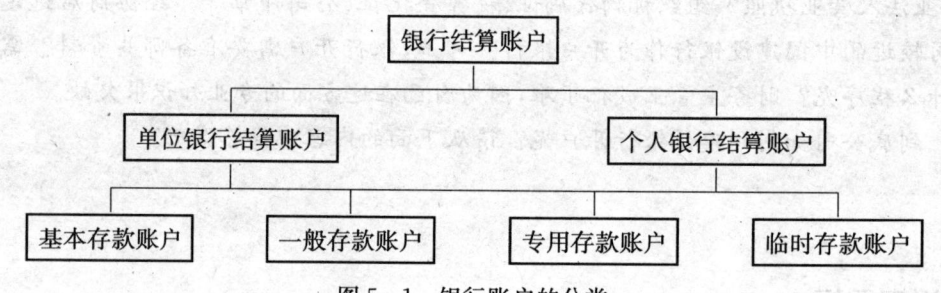

图 5-1　银行账户的分类

(一) 基本存款账户

基本存款账户是存款人因办理日常转账结算和现金收付需要开立的银行结算账户。

1. 下列存款人,可以申请开立基本存款账户

(1) 企业法人;

(2) 非法人企业、单位设立的独立核算的附属机构;

(3) 机关、事业单位;

(4) 团级(含)以上军队、武警部队及分散执勤的支(分)队;

(5) 社会团体、外国驻华机构;

(6) 异地常设机构、民办非企业组织、个体工商户;

(7) 居民委员会、村民委员会、社区委员会;

(8) 其他组织。

2. 开立基本存款账户的程序

(1) 填写开户申请书;开立单位银行结算账户申请书格式如图 5-2 所示。

开立单位银行结算账户申请书

存款人名称			电 话	
地 址			邮 编	
存款人类别		组织机构代码		
法定代表人（ ）单位负责人（ ）	姓 名			
	证件种类		证件号码	
行业分类	A（ ）B（ ）C（ ）D（ ）E（ ）F（ ）G（ ）H（ ）I（ ）J（ ）K（ ）L（ ）M（ ）N（ ）O（ ）P（ ）Q（ ）R（ ）S（ ）T（ ）			
注册资金			地区代码	
经营范围				
证明文件种类		证明文件编号		
国税登记证号		地税登记证号		
关联企业	关联企业信息填列在"关联企业登记表"上			
账户性质	基本（ ） 一般（ ） 专用（ ） 临时（ ）			
资金性质		有效日期至	年 月 日	

以下为存款人上级法人或主管单位信息：

上级法人或主管单位名称			
基本存款账户开户许可证核准号		组织机构代码	
法定代表人（ ）单位负责人（ ）	姓 名		
	证件种类	证件号码	

以下栏目由开户银行审核后填写：

开户银行名称			
开户银行代码		账 号	
账户名称			
基本存款账户开户许可证核准号		开户日期	
本存款人申请开立单位银行结算账户，并承诺所提供的开户资料真实、有效。 存款人（公章） 年 月 日	开户银行审核意见： 经办人（签章） 开户银行（签章） 年 月 日		人民银行审核意见： （非核准类账户除外） 经办人（签章） 人民银行（签章） 年 月 日

图5-2 开立单位银行账户结算申请书

(2) 提供开户证明文件,并送交盖有存款人印章的"印鉴卡";"印鉴卡"格式如图5-3、图5-4所示。

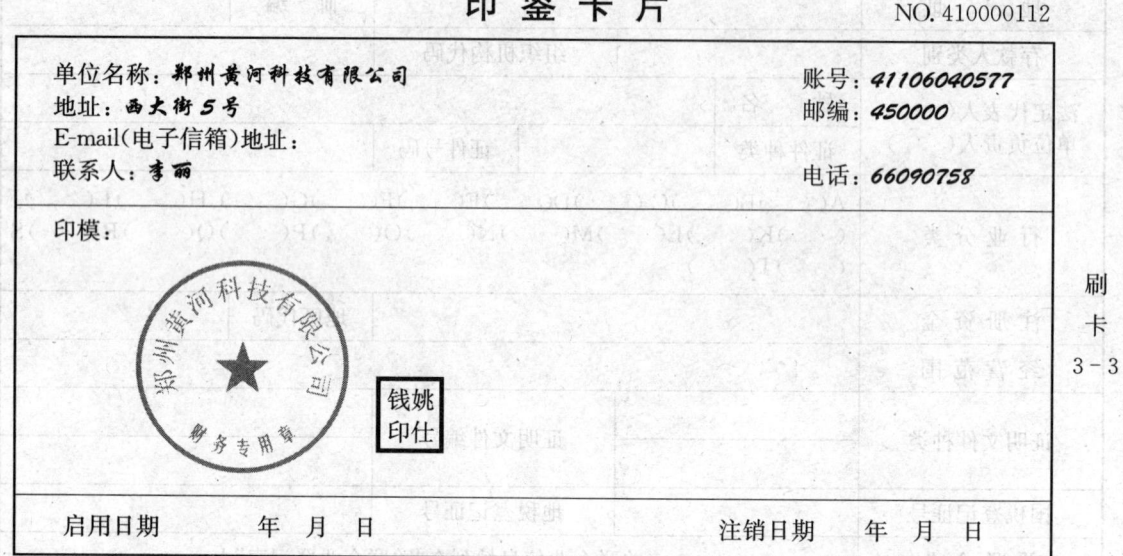

图表5-3 印鉴卡正面格式

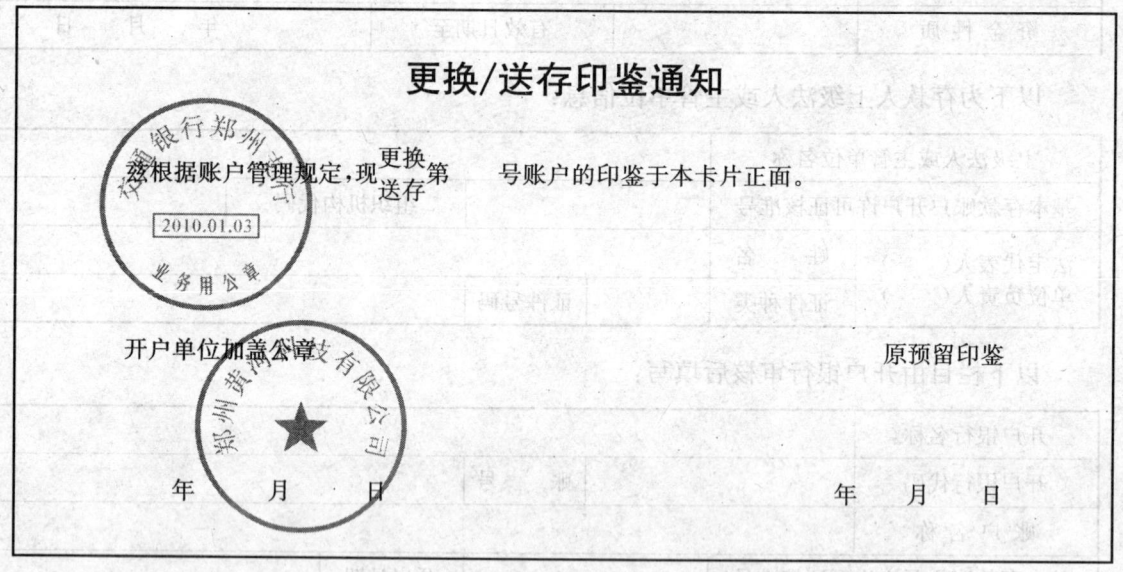

图5-4 印鉴卡背面格式

(3) 开户银行审核申报材料。

(4) 开户银行同意后,将申请材料送交中国人民银行当地分支机构审核。

(5) 中国人民银行当地分支机构审核无误后,填制开户许可证;开户许可证如图5-5所示。

(6) 不符合开户条件的,不予核准,作出不予行政许可的书面说明。

(7) 开户银行说明原因后退回申请材料。

银行印鉴卡分为正卡和副卡,正卡1张,由印鉴初审人员保管使用,副卡2张,其中1张由印鉴复审人员保管使用,1张由银行受理签章后退开户单位。

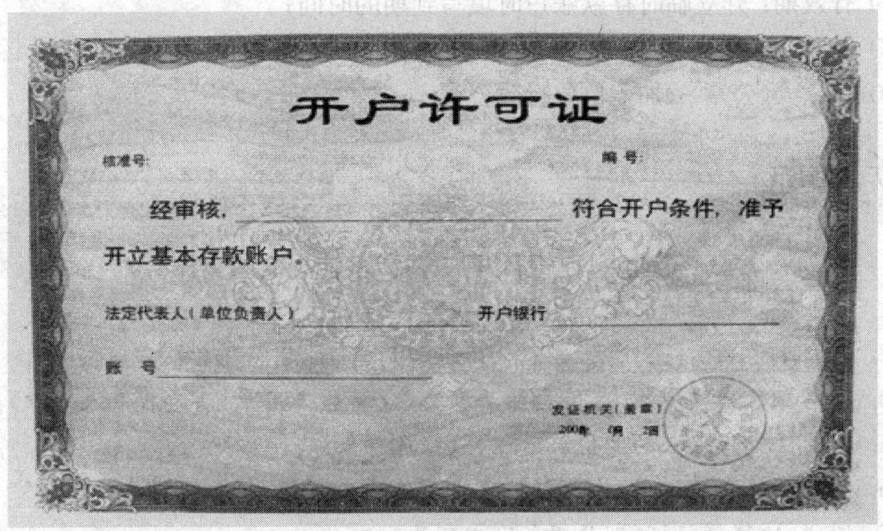

图 5-5 开户许可证

开户许可证是由中国人民银行核发的一种开设基本账户的凭证,凡在中华人民共和国境内金融机构开立基本存款账户的单位可凭此证办理其他金融往来业务。

3. 开户申请书的填写

开户申请书一式三联:第一联由中国人民银行当地分支机构留存;第二联由开户银行留存;第三联由存款人保管,待销户时做重新开户的证明。

开户申请书填写方法:

(1) 存款人名称:填写单位全称;

(2) 地址:按营业执照上的地址填写;

(3) 电话:填写本单位办公室电话;

(4) 邮编:填写本单位所在地的邮政编码;

(5) 组织机构代码:填写本单位组织机构代码证书上的代码;

(6) 法定代表人或单位负责人:即单位第一领导人;

(7) 行业分类:根据表后的分类代码说明在相应的代码后括号内打"√";

(8) 注册资金:按营业执照上载明的注册资金金额填写;

(9) 地区代码:按银行公布的地区代码填写;

(10) 经营范围:按营业执照上的经营范围填写;

(11) 证明文件种类:填写营业执照或登记证、批文;

(12) 编号:填写营业执照的注册号或登记证号码、批文号;

(13) 税务登记证编号:填写国税和地税登记证编号;

(14) 关联企业名称：填写与本企业有利益关联的企业；

(15) 账户性质：在所要开立的账户后括号内打"√"；

(16) 资金性质：开立存款账户时填写所存资金的用途；

(17) 有效期：开立临时存款账户时填写到期的时间；

(18) 上级法人或主管单位信息：填写上级法人或主管单位的信息；

(19) 存款人(公章)：加盖单位行政公章。

小提示

企业办理《银行开户许可证》应提交的文件
1. 企业法人营业执照副本复印件(核原件)；
2. 开户申请表(盖企业法人公章、财务专用章、法定代表名私章)；
3. 填写银行开户印鉴卡(盖企业法人公章、财务专用章、法定代表人名章)；
4. 企业法定代表人的身份证复印件(核原件)；
5. 组织机构代码证书副本复印件(核原件)；
6. 国税、地税登记证(部分银行可以不用)。

(二) 一般存款账户

一般存款账户是存款人因借款或其他结算需要，在基本存款账户开户银行以外的银行营业机构开立的银行结算账户。一般存款账户用于办理存款人借款转存、借款归还和其他结算的资金收付。该账户可以办理现金缴存，但不得办理现金支取。

存款人申请开立一般存款账户，应向银行出具其开立基本存款账户规定的证明文件、基本存款账户开户登记证和下列证明文件：

(1) 存款人因向银行借款需要，应出具借款合同；

(2) 存款人因其他结算需要，应出具有关证明；

(3) 基本存款账户开户许可证。

(三) 专用存款账户

专用存款账户是存款人按照法律、行政法规和规章，对其特定用途资金进行专项管理和使用而开立的银行结算账户。存款人申请开立专用存款账户，应向银行出具其开立基本存款账户规定的证明文件、基本存款账户开户登记证以及相关证明文件。对下列资金的管理与使用，存款人可以申请开立专用存款账户：

(1) 基本建设资金、更新改造资金、政策性房地产开发资金、住房基金、社会保障基金，应出具主管部门批文。

(2) 财政预算外资金，应出具财政部门的证明。

(3) 粮、棉、油收购资金，应出具主管部门批文。

(4) 单位银行卡备用金,应按照中国人民银行批准的银行卡章程的规定出具有关证明和资料。

(5) 证券交易结算资金,应出具证券公司或证券管理部门的证明。

(6) 期货交易保证金,应出具期货公司或期货管理部门的证明。

(7) 金融机构存放同业资金,应出具其证明。

(8) 收入汇缴资金和业务支出资金,应出具基本存款账户存款人有关的证明。

(9) 党、团、工会设在单位的组织机构经费,应出具该单位或有关部门的批文或证明。

(10) 其他按规定需要专项管理和使用的资金,应出具有关法规、规章或政府部门的有关文件。

(11) 基本存款账户开户许可证。

(四)临时存款账户

临时存款账户是存款人因临时需要并在规定期限内使用而开立的银行结算账户。存款人有设立临时机构、异地临时经营活动、注册验资情况的,可申请开立临时存款账户。

存款人申请开立临时存款账户,应向银行出具下列证明文件:

(1) 临时机构,应出具其驻在地主管部门同意设立临时机构的批文。

(2) 异地建筑施工及安装单位,应出具其营业执照正本或其隶属单位的营业执照正本,以及施工及安装地建设主管部门核发的许可证或建筑施工及安装合同。

(3) 异地从事临时经营活动的单位,应出具其营业执照正本以及临时经营地工商行政管理部门的批文。

(4) 注册验资资金,应出具工商行政管理部门核发的企业名称预先核准通知书或有关部门的批文。

临时存款账户的有效期最长不得超过两年。

四、银行结算账户的变更

银行结算账户变更是指银行结算账户名称的变更和开户银行的变更。

(一)银行结算账户变更的规定

(1) 存款人更改名称,但不改变开户银行及账号的,应于5个工作日内向开户银行提出银行结算账户的变更申请,并出具有关部门的证明文件。

(2) 单位的法定代表人或主要负责人、住址以及其他开户资料发生变更时,应于5个工作日内书面通知开户银行并提供有关证明。

(3) 开户银行应在接到变更申请后的2个工作日内,将存款人的"变更银行结算账户申请书"、开户许可证以及有关证明文件报送中国人民银行当地分支行。

符合变更条件的,中国人民银行当地分支行核准其变更申请,收回原开户许可证,颁发新的开户许可证。不符合变更条件的,中国人民银行当地分支行不核准其变更申请。

(二)银行结算账户变更申请书的填写

"变更银行结算账户申请书"如图5-6所示。

变更银行结算账户申请书

账户名称				
开户银行代码			账号	
账户性质	基本( ) 一般( ) 专用( ) 临时( ) 个人( )			
开户许可证核准号				
变更事项及变更后的内容如下:				
账户名称				
地址				
邮政编码				
电话				
注册资金规模				
证明文件种类				
证明文件编号				
经营范围				
法定代表人或单位负责人	姓 名			
	证件种类			
	证件号码			
关联企业	变更后的关联企业信息填列在"关联企业登记表"中			
上级法人或主管单位的基本存款账户核准号				
上级法人或主管单位的名称				
上级法人或主管单位法定代表人或单位负责人	姓 名			
	证件种类			
	证件号码			
本存款人申请变更上述银行账户内容,并承诺所提供的资料真实、有效 存款人(签章) 年 月 日	开户银行审核意见: 经办人(签章) 开户银行(签章) 年 月 日		人民银行审核意见: 经办人(签名) 人民银行(签章) 年 月 日	

图 5-6 变更银行结算账户申请书

银行结算账户变更申请书一式三联：一联存款人留存；一联开户银行留存；一联中国人民银行当地分支行留存。

银行结算账户变更申请书的填写方法：

(1) 账户名称：即本单位的原名称；

(2) 开户银行代码：填写所开户银行的代码；

(3) 账号：填写该结算账户的账号；

(4) 账户性质：所要变更账户的性质，在相应的选项后括号内打"√"；

(5) 开户许可证核准号：填写基本存款账户开户许可证上的核准号；

(6) 变更事项变更后内容：按与开户申请书相同的填写方法，在变更的项目后面填写变更后的内容；

(7) 存款人(签章)：加盖单位行政公章。

五、银行结算账户的撤销

银行结算账户的撤销是指存款人因开户资格或其他原因终止银行结算账户使用的行为。

(一) 银行结算账户撤销的基本规定

1. 银行结算账户撤销的事由

根据《人民币银行结算账户管理办法》的规定，发生下列事由之一的，存款人应向开户银行提出撤销银行结算账户的申请：

(1) 被撤并、解散、宣告破产或关闭的；

(2) 注销、被吊销营业执照的；

(3) 因迁址需要变更开户银行的；

(4) 其他原因需要撤销银行结算账户的。

2. 银行结算账户撤销的手续办理

(1) 存款人主体资格终止后，银行结算账户撤销手续的办理。

存款人发生被撤并、解散、宣告破产或关闭，或被注销、被吊销营业执照等主体资格终止的，应于5个工作日内向开户银行提出撤销银行结算账户的申请。存款人申请撤销基本存款账户的，存款人基本存款账户的开户银行应自撤销银行结算账户之日起2个工作日内将撤销该基本存款账户的情况书面通知该存款人其他银行结算账户的开户银行；存款人其他银行结算账户的开户银行，应自收到通知之日起2个工作日内通知存款人撤销有关银行结算账户；存款人应自收到通知之日起3个工作日内办理其他银行结算账户的撤销。

根据《人民币银行结算账户管理办法实施细则》的有关规定，存款人主体资格终止后，撤销银行结算账户的，应当先撤销一般存款账户、专用存款账户、临时存款账户，将账户资金转入基本存款账户后，方可办理基本存款账户的撤销。

银行得知存款人主体资格终止情况的，存款人超过规定期限未主动办理撤销银行结算账户手续的，银行有权停止其银行结算账户的对外支付。

(2) 因地址变更或其他原因需要变更开户银行，银行结算账户撤销手续的办理。

银行在收到存款人撤销银行结算账户的申请后,对于符合销户条件的,应当在2个工作日内办理撤销手续。存款人需要重新开立基本存款账户的,应在撤销其原基本存款账户后10日内申请重新开立基本存款账户。存款人在申请重新开立基本存款账户时,除应根据前述开立基本存款账户的规定出具相关证明文件外,还应当出具"已开立银行结算账户清单"。

(3)办理银行结算账户撤销手续应当注意的事项。

在办理银行结算账户撤销手续过程中,应当注意以下事项:

① 未获得工商行政管理部门核准登记的单位,在验资期满后,应向银行申请撤销注册验资临时存款账户,其账户资金应退还给原汇款人账户。注册验资资金以现金方式存入,出资人需提取现金的,应出具缴存现金时的现金缴款单原件及其有效身份证件。

② 存款人尚未清偿其开户银行债务的,不得申请撤销该账户。

③ 存款人撤销银行结算账户,必须与开户银行核对银行结算账户存款余额,交回各种重要空白票据及结算凭证和开户登记证,银行核对无误后方可办理销户手续。存款人未按规定交回各种重要空白票据及结算凭证的,应出具有关证明,造成损失的,由其自行承担。

④ 银行撤销单位银行结算账户时应在其基本存款账户开户登记证上注明销户日期并签章,同时于撤销银行结算账户之日起2个工作日内,向中国人民银行报告。

⑤ 存款人应撤销而未办理销户手续的单位银行结算账户或银行对1年未发生收付活动且未欠开户银行债务的单位银行结算账户,应通知单位自发出通知之日起30日内办理销户手续,逾期视同自愿销户,未划转款项列入久悬未取专户管理。

(二)银行结算账户撤销申请书的填写

"撤销银行结算账户申请书"如图5-7所示。

撤销银行结算账户申请书

账户名称			
开户银行名称			
开户银行代码		账号	
账户性质	基本( )一般( )专用( )临时( )个人( )		
开户许可证核准号			
销户原因			
本存款人申请撤销上述银行账户,承认所提供的证明文件真实、有效 存款人(签章) 年　月　日	开户银行审核意见: 经办人(签章) 开户银行(签章) 年　月　日	人民银行审核意见: 经办人(签章) 人民银行(签章) 年　月　日	

图5-7 撤销银行结算账户申请书

撤销银行结算账户一式三联：两联开户银行留存；一联人民银行当地分支行留存。

撤销银行结算账户申请书的填写方法：

(1) 账户名称、账号、账户性质：填写方法与变更申请书相同；

(2) 销户原因：如解散、破产、迁址等；

(3) 单位(公章)：加盖单位行政公章。

想一想

1. 结算账户有哪些？各有什么用途？
2. 银行结算账户变更的原因有哪些？
3. 银行结算账户撤销的原因有哪些？

练一练

一、单项选择题

1. 存款人开立基本存款账户(　　)，存款人可以自主选择不同经营理念的银行。
   A. 只能有一个 B. 只能在同城
   C. 没有数量限制 D. 只能有3个

2. 存款人可以办理现金缴存，但不得办理现金支取的账户是(　　)。
   A. 基本存款账户 B. 一般存款账户
   C. 专用存款账户 D. 临时存款账户

3. 临时存款账户有效期最长不得超过(　　)年。
   A. 2 B. 3 C. 5 D. 6

4. 存款人银行结算账户有法定变更事项的，应于一定期限内书面通知开户银行并提供有关证明。该期限为(　　)个工作日。
   A. 3 B. 5
   C. 7 D. 10

5. 为了加强对住房基金和社会保障基金的管理，存款人应依法申请在银行开立的账户有(　　)。
   A. 基本存款账户 B. 一般存款账户
   C. 专用存款账户 D. 临时存款账户

6. 存款人日常经营活动的资金收付及其现金的支取，应通过(　　)办理。
   A. 基本存款账户 B. 一般存款账户
   C. 专用存款账户 D. 临时存款账户

二、多项选择题

1. 存款人以单位名称开立的银行结算账户有(　　)。

A. 基本存款账户 B. 一般存款账户
C. 专用存款账户 D. 临时存款账户

2. 存款人下列事项的变更,需于5个工作日内书面通知开户银行并提供相关证明,及时办理变更手续的为( )。
   A. 名称改变 B. 法定负责人变更
   C. 住址变更 D. 改变开户银行

3. 根据《人民币银行结算账户管理办法》的规定,下列事项中,存款人应向开户银行申请撤销银行结算账户的是( )。
   A. 尚未清偿其开户银行债务的 B. 存款人因迁址需要变更开户银行的
   C. 存款人因迁址但不变更开户银行的 D. 注销、被吊销营业执照

4. 企业发生下列情况应该向开户银行申请撤销银行结算账户的是( )。
   A. 企业宣布破产 B. 企业被吊销营业执照
   C. 企业迁址从上海至苏州 D. 投资者发生变更

5. 根据有关的规定,银行结算账户的管理应遵守( )原则。
   A. 一个基本存款账户 B. 自愿选择
   C. 存款保密 D. 监督管理

三、判断题

1. 存款人开立单位银行结算账户的自开立之日起即可使用该账户办理结算业务。( )
2. 存款人银行结算账户有法定变更事项的,应于5日内书面通知开户银行,并向人民银行报告办理变更手续。( )
3. 单位银行结算账户的存款人只能在银行开立一个基本存款账户。( )
4. 存款人银行结算账户有法定变更事项的,应于5日内书面通知开户银行,并向人民银行报告办理变更手续。( )
5. 为了便于结算,一个单位可以同时在几家金融机构开立银行基本存款账户。( )
6. 银行得知存款人主体资格终止的情况,存款人超过规定期限未主动办理撤销银行结算账户手续的,银行有权停止其银行结算账户的对外支付。( )

四、实训题

根据资料,协助会计办理银行开户。

(1) 填写开立账户结算申请书,如图5-8所示。
(2)《企业法人营业执照》正本,如图5-9所示。
(3) 企业财务专用章及印章的印鉴卡片,如图5-10、5-11所示。
(4) 税务登记证正副本,如图5-12所示。
(5) 组织机构代码副本,如图5-13所示。
(6) 法人身份证:410105196402302;会计身份证:(略)。
(7) 公司电话:66994587;邮编:450000。
(8) 行业分类为制造业。

开立单位银行结算账户申请书

存款人名称			电话	
地　　址			邮编	
存款人类别		组织机构代码		
法定代表人( ) 单位负责人( )	姓　名			
	证件种类		证件号码	
行业分类	A( )B( )C( )D( )E( )F( )G( )H( )I( )J ( )K( )L( )M( )N( )O( )P( )Q( )R( )S ( )T( )			
注册资金			地区代码	
经营范围				
证明文件种类			证明文件编号	
国税登记证号			地税登记证号	
关联企业	关联企业信息填列在"关联企业登记表"上			
账户性质	基本( )　一般( )　专用( )　临时( )			
资金性质		有效日期至	年　月　日	

以下为存款人上级法人或主管单位信息：

上级法人或主管单位名称			
基本存款账户开户许可证核准号		组织机构代码	
法定代表人( ) 单位负责人( )	姓　名		
	证件种类	证件号码	

以下栏目由开户银行审核后填写：

开户银行名称			
开户银行代码		账　号	
账户名称			
基本存款账户开户许可证核准号		开户日期	
本存款人申请开立单位银行结算账户，并承诺所提供的开户资料真实、有效。 存款人(公章) 年　月　日	开户银行审核意见： 经办人(签章) 开户银行(签章) 年　月　日	人民银行审核意见： (非核准类账户除外) 经办人(签章) 人民银行(签章) 年　月　日	

图 5-8　开立单位银行账户结算申请书

注:"行业分类"中各字母代表的行业种类如下:A:农、林、牧、渔业;B:采矿业;C:制造业;D:电力、燃气及水的生产供应业;E:建筑业;F:交通运输、仓库和邮政业;G:信息传输、计算机服务及软件业;H:批发和零售业;I:住宿和餐饮业;J:金融业;K:房地产业;L:租赁和商务服务业;M:科学研究、技术服务和地质勘查业;N:水利、环境和公共设施管理;O:居民服务和其他服务业;P:教育业;Q:卫生、社会保障和社会福利业;R:文化、教育和娱乐业;S:公共管理和社会组织;T:其他行业。

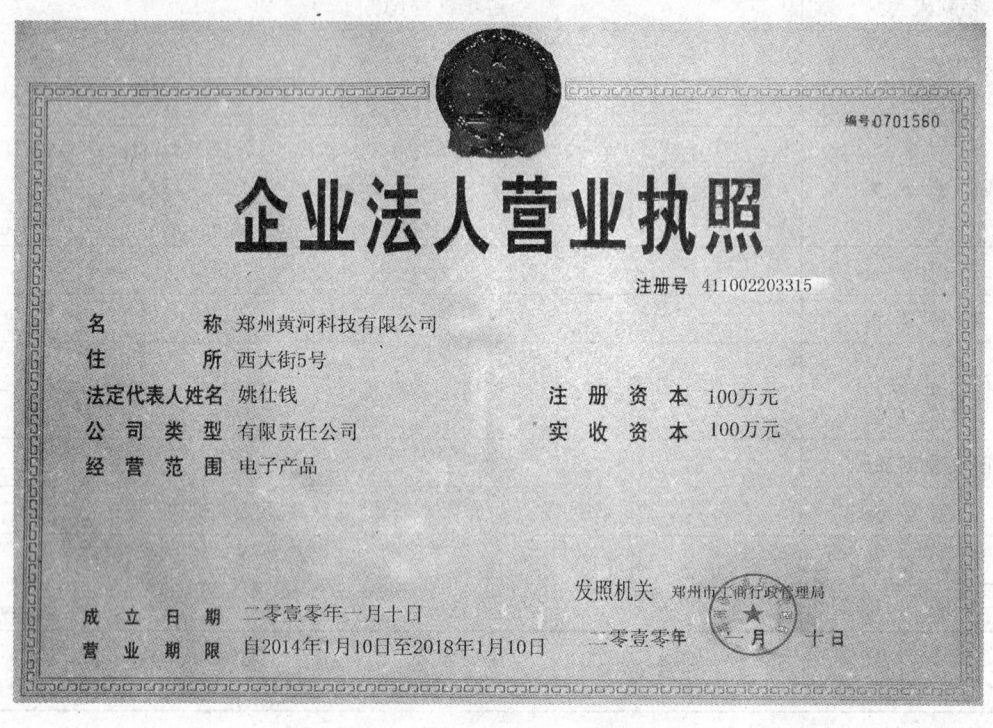

图 5-9 企业法人营业执照

印鉴卡片　　NO.410000112

单位名称:		账号:
地址:		邮编:
E-mail(电子信箱)地址:		
联系人:		电话:

印模:

启用日期　　年　月　日　　　　注销日期　　年　月　日

刷卡 3-3

图 5-10 印鉴卡片正面

更换/送存印鉴通知

兹根据账户管理规定，现更换/送存第　　号账户的印鉴于本卡片正面。

开户单位加盖公章　　　　　　　　　　　　　　原预留印鉴

年　月　日　　　　　　　　　　　　　　　　　年　月　日

图 5－11　印鉴卡片背面

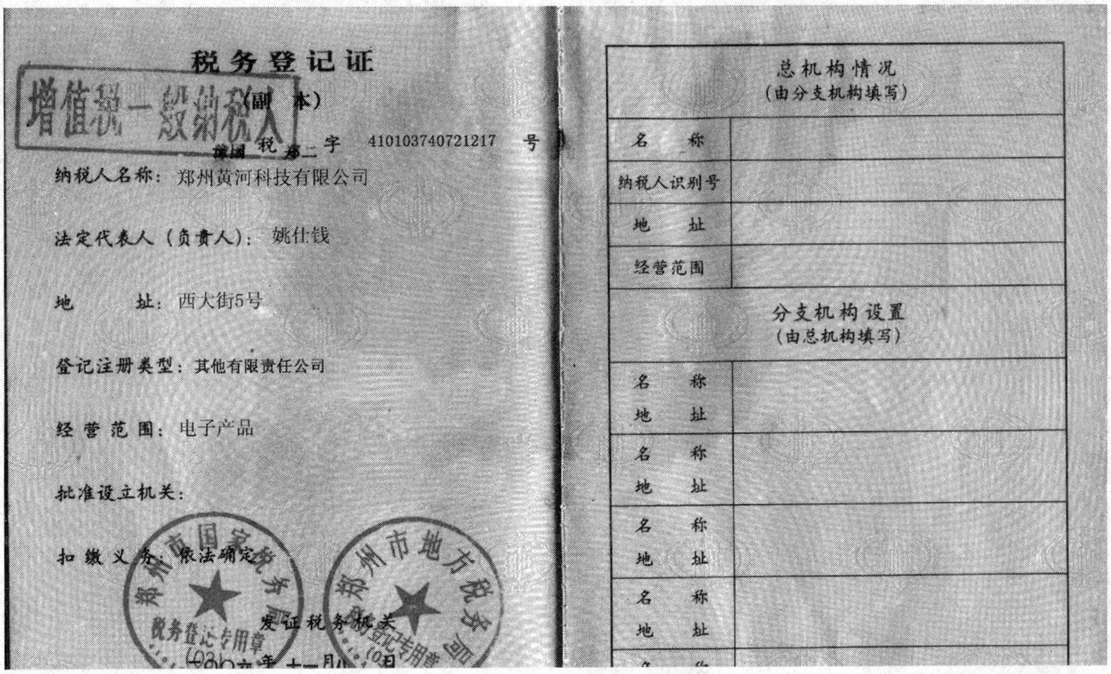
税务登记证
(副　本)
增值税一般纳税人
豫国税郑二字　410103740721217　号
纳税人名称：郑州黄河科技有限公司
法定代表人（负责人）：姚仕钱
地　　址：西大街5号
登记注册类型：其他有限责任公司
经营范围：电子产品
批准设立机关：
扣缴义务：依法确定
发证税务机关

总机构情况（由分支机构填写）	
名　称	
纳税人识别号	
地　址	
经营范围	
分支机构设置（由总机构填写）	
名　称 地　址	
名　称 地　址	
名　称 地　址	
名　称 地　址	

图 5－12　税务登记证正副本

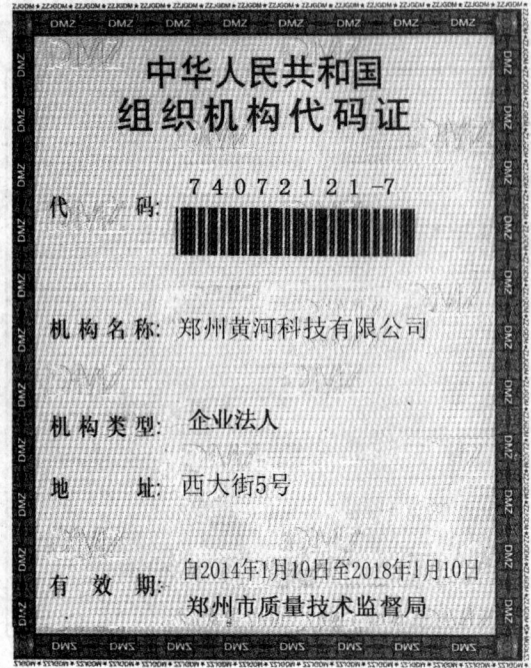 

图 5-13 组织机构代码副本

任务六　点钞验钞技能训练

 案例导入

可以以假乱真的假币

郑州黄河科技有限公司出纳员小张在办理收款业务时,发现有两张编号相同的百元钞票,更为蹊跷的是这两张钞票在由验钞机验钞时没有辨别出来是假钞,而是小张运用在学校所学人民币的鉴别知识,手工点钞时发现的。为此,公司领导提醒所有业务人员注意资金安全,因此有必要了解一些人民币防伪的知识,你认为他们应该如何来学习?

 学习目标

通过本任务内容的学习,使学生了解人民币防伪的基本知识;掌握鉴别真假人民币的基本方法以及点钞的技能和方法。

任务分解

一、人民币的鉴别与防伪知识

(一) 假币的类型

通常所说的假币,也就是法律上所谓的伪造币和变造币两种。

(1) 伪造币是指通过机械印刷、拓印、刻印、照相、描绘等手段制作的假人民币。其中电子扫描分色制版印刷的机制假人民币数量最多、危害性最大。

(2) 变造币是指在真币基础上,利用挖补、揭层、涂改、拼凑、移位、重印等多种方法制作,构成变态升值的假人民币。

(二)鉴别真假人民币的基本方法

直观鉴定真伪人民币的基本方法,主要采用在实践中总结出来的"一看、二摸、三听、四测"鉴别方法。

(1)眼看。出纳人员可以通过眼看来识别人民币,主要是看以下几个方面:

① 看水印。水印是在造纸过程中,运用特殊技术使用纸纤维堆积疏密不均匀而形成厚薄不同的印迹,在阳光或灯光透视下,钞票的水印可以显示出明暗错落、层次分明的图案、图形。而如把钞票平放,不透光透视,则一般看不出水印。而假币特点是水印模糊,无立体感,变形较大,假币多是用浅色油墨加印在纸张正、背面,不需印光透视就能看到。

比如,第五套人民币100元、50元纸币的固定水印为毛泽东头像图案。20元、10元、5元纸币的固定水印为花卉图案。

如图6-1、6-2、6-3、6-4所示。

图6-1 第五套人民币100元和50元人像水印

图6-2 第五套人民币20元花卉水印

图6-3 第五套人民币10元花卉水印

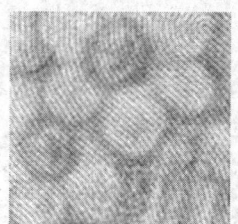
图6-4 第五套人民币5元花卉水印

② 看安全线。安全线是在造纸过程中,运用特殊技术,在固定位置夹入纸中,由特殊材料制作的线体,并使此线体成为纸张的结构组成部分。比如,第五套人民币的安全线有微缩文字,假币仿照的文字不清晰,线条活动,容易抽出。

③ 看图案和颜色。从图纹、图像上看,真币的技术特点是图像层次清晰,色彩鲜艳,浓郁,立体感强;而假币图案平淡,花纹图案较模糊,并由网点组成。

④ 看票面大小、宽窄、数码等。人民币的每一种券别都有固定的尺寸,不规范的都必假无疑。从已发现的假币来看,它的长度、宽窄都比真币小、窄。

(2)手摸。现行流通的纸币,分别采用了凹印技术,可依靠手指反复触摸钞票的感觉来辨别人民币的真伪。人民币是采用特种原料,由印钞专用纸张印制的,纸质坚挺有韧性,币面主要图景、国徽、盲文及"中国人民银行"行名字样有明显的凹凸感。假币则纸质松软、平滑无弹性。

(3)耳听。钞票纸张是特殊纸张,挺括耐折。手持钞票用力抖动、手指轻弹或两手一张一弛轻轻对称拉动,能听到清脆响亮的声音。假币纸质绵软,用手甩动假币,发出的声音比较沉闷。

(4)测量。出纳人员可以借助一些简单的工具和专用的仪器来分辨人民币真伪。如借助放大镜可以观察票面线条清晰度、胶、凹印缩微文字等；用紫外灯光照射票面，可以观察钞票纸张和油墨的荧光反映；用磁性检测仪可以检测黑色横号码的磁性。检测情况大致包括如下两点：一是假币纸张多经过漂白，在荧光灯下有明显荧光反映，纸张发白发亮；二是人民币有一到两处荧光文字，呈淡黄色，假人民币的荧光文字泽色不正，呈惨白色。

（三）第五套人民币的防伪特征

1. 100元券防伪特征

人民币100元券的正面、背面，如图6-5、6-6所示。

图6-5　第五套人民币100元正面

图6-6　第五套人民币100元背面

（1）固定人像水印：位于票面正面左侧空白处，迎光透视，可见与主景人像相同、立体感很强的毛泽东头像水印，如图6-7所示。

（2）红蓝彩色纤维：在票面上，可看到纸张中有红色和蓝色纤维，如图6-8所示。

（3）磁性缩微文字安全线：钞票纸中的安全线，迎光观察，可见"RMB 100"微小文字，仪器检测有磁性，如图6-9所示。

图6-7　固定人像水印

图6-8　红蓝彩色纤维

图6-9　磁性缩微文字安全线

（4）手工雕刻头像：票面正面主景毛泽东头像，采用手式雕刻凹版印刷工艺，形象逼真、传神，凹凸感强，易于识别，如图6-10所示。

（5）隐形面额数字：票面正面右上方有一椭圆形图案，将钞票置于与眼睛接近平行的位置，面对光源作平面旋转45度或90度角，即可看到面额"100"字样，如图6-11所示。

图6-10　手工雕刻头像

(6) 胶印微缩文字：票面正面上方椭圆形图案中，多处印有胶印缩微文字，在放大镜下可看到"RMB"和"RMB 100"字样，如图6-12所示。

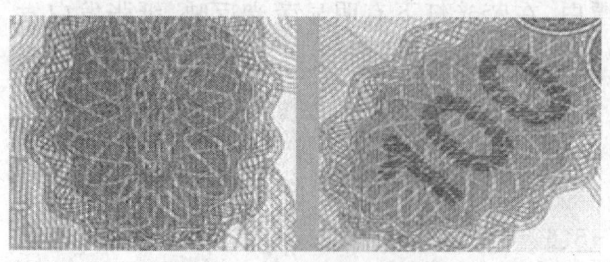

图6-11 隐形面额数字　　　　　　　　图6-12 胶印微缩文字

(7) 光变油墨面额数字：票面正面左下方"100"字样，与票面垂直角度观察为绿色，倾斜一定角度则变为蓝色，如图6-13所示。

(8) 阴阳互补对印图案：票面正面左下方和背面右下方均有一圆形局部图案，迎光观察，正背图案重合并组合成一个完整的古钱币图案，如图6-14所示。

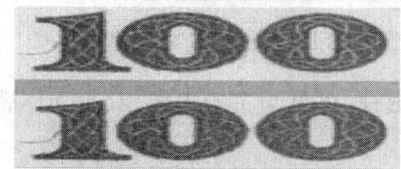

图6-13 光变油墨面额数字　　　　　　图6-14 阴阳互补对印图案

(9) 雕刻凹版印刷：票面正面主景毛泽东头像、中国人民银行行名、盲文及背面主景人民大会堂等均采用雕刻凹版印刷，用手指触摸有明显凹凸感，如图6-15所示。

(10) 横竖双号码：票面正面采用横竖双号码印刷（均为两位冠字、八位号码）。横号码为黑色、竖号码为蓝色，如图6-16所示。

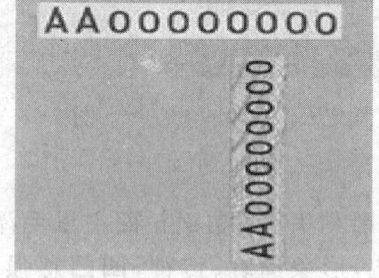

图6-15 雕刻凹版印刷　　　　　　　　图6-16 横竖双号码

2. 50元券防伪特征

第五套人民币50元票样如图6-17所示。

(1) 固定人像水印：位于正面左侧空白处，迎光透视，可以看到与主景人像相同、立体感

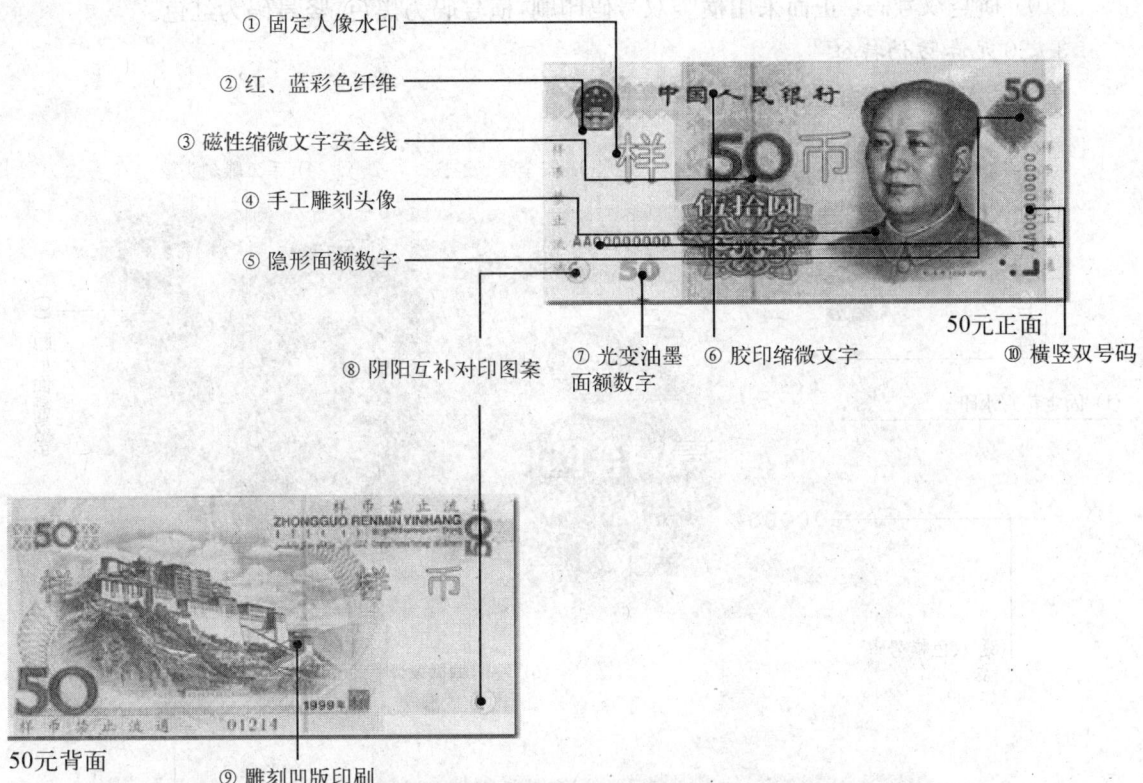

图 6-17　第五套人民币 50 元票样

很强的毛泽东头像水印。

（2）红、蓝彩色纤维：在票面上，可以看到纸张中有不规则分布的红色和蓝色纤维。

（3）磁性缩微文字安全线：钞票纸中的安全线，迎光透视，可以看到缩微文字"RMB 50"字样，仪器检测有磁性。

（4）手工雕刻头像：正面主景毛泽东头像，采用手工雕刻凹版印刷工艺，凹凸感强，易于识别。

（5）隐形面额数字：正面右上方有一装饰图案，将钞票置于与眼睛接近平行的位置，面对光源作平面旋转 45 度或 90 度角，即可以看到面额数字"50"字样。

（6）胶印缩微文字：正面上方图案中，多处印有胶印缩微文字"50"、"RMB 50"字样。

（7）光变油墨面额数字：正面左下方面额数字"50"字样，与票面垂直角度观察为金色，倾斜一定角度则变为绿色。

（8）阴阳互补对印图案：正面左下角和背面右下角均有一圆形局部图案，迎光透视，可以看到正背面图案合并组成一个完整的古钱币图案。

（9）雕刻凹版印刷：正面主景毛泽东头像、"中国人民银行"行名、面额数字、盲文面额标记及背面主景"布达拉宫"图案等均采用雕刻凹版印刷，用手指触摸有明显凹凸感。

（10）横竖双号码：正面采用横竖双号码印刷，横号码为黑色，竖号码为红色。

3．20元券防伪特征

第五套人民币20元票样如图6-18所示。

图6-18 第五套人民币20元票样

（1）固定花卉水印：在20元人民币正面左侧空白处，迎光透视，可见立体感很强的荷花水印。

（2）红、蓝彩色纤维：在票面上，可看到纸张中有红色和蓝色纤维。

（3）安全线：荧光观察，钞票纸中有一条明暗相间的安全线。

（4）手工雕刻头像：人民币正面主景毛泽东头像，采用手工雕刻凹版印刷工艺，形象逼真、传神，凹凸感强，易于识别。

（5）隐形面额数字：正面右上方有一装饰图案，将票面置于与眼睛接近平行的位置，面对光源做平面旋转45度或90度角,可看到面额"20"字样。

(6) 胶印缩微文字:正面右侧和下方及背面图案中,多处印有缩微文字"RMB 20"字样。

(7) 雕刻凹版印刷:票面上中国人民银行行名、面额数字、盲文面额标记等均采用雕刻凹版印刷,用手指触摸有明显凹凸感。

(8) 双色横号码:20元人民币正面采用双色横号码(两位冠字、八位号码)印刷。号码左半部分为红色,右半部分为黑色。

(9) 凹印缩微文字:在20元人民币右上方装饰图案中印有凹印缩微文字,在放大镜下可看到"RMB 20"字样。

(10) 凹印接线印刷:人民币左侧的面额"20"字样,采用雕刻凹版印刷,棕色和紫色两种墨色对接完整。

(11) 无色荧光油墨印刷图案:在人民币正面行名下方胶印底纹处,在特定波长的紫外光下可以看到面额"20"字样,该图案采用无色荧光油墨印刷,可供机读。

(12) 无色荧光纤维:在特定波长的紫外光下可以看到纸张中随机分布有黄色和蓝色荧光纤维。

(13) 有色荧光油墨印刷图案:在20元钞票背面中间,在特定波长的紫外光下显现绿色荧光图案。

(14) 磁性号码:用特定的检测仪测验,正面双色横号码中黑色号码有磁性,可供机读。

(15) 专用纸张:第五套人民币20元券采用特种原材料,由专用设备抄造的印钞专用。

4. 10元券防伪特征

第五套人民币10元票样如图6-19所示。

(1) 固定花卉水印:位于正面左侧空白处,迎光透视,可以看到立体感很强的月季花水印。

(2) 白水印:位于双色横号码下方,迎光透视,可以看到透光性很强的图案"10"水印。

(3) 红、蓝彩色纤维:在票面上,可以看到纸张中有不规则分布的红色和蓝色纤维。

(4) 全息磁性开窗安全线:正面中间偏左,有一条开窗安全线,开窗部分可以看到由缩微字符"¥10"组成的全息图案,仪器检测有磁性(开窗安全线,指局部埋入纸张中,局部裸露在纸面上的一种安全线)。

(5) 手工雕刻头像:正面主景毛泽东头像,采用手工雕刻凹版印刷工艺,凹凸感强,易于识别。

(6) 隐形面额数字:正面右上方有一装饰图案,将钞票置于与眼睛接近平行的位置,面对光源作平面旋转45度或90度角,可以看到面额数字"10"字样。

(7) 胶印缩微文字:正面上方胶印图案中,多处印有缩微文字"RMB 10"字样。

(8) 阴阳互补对印图案:正面左下角和背面右下角均有一圆形局部图案,迎光透视,可

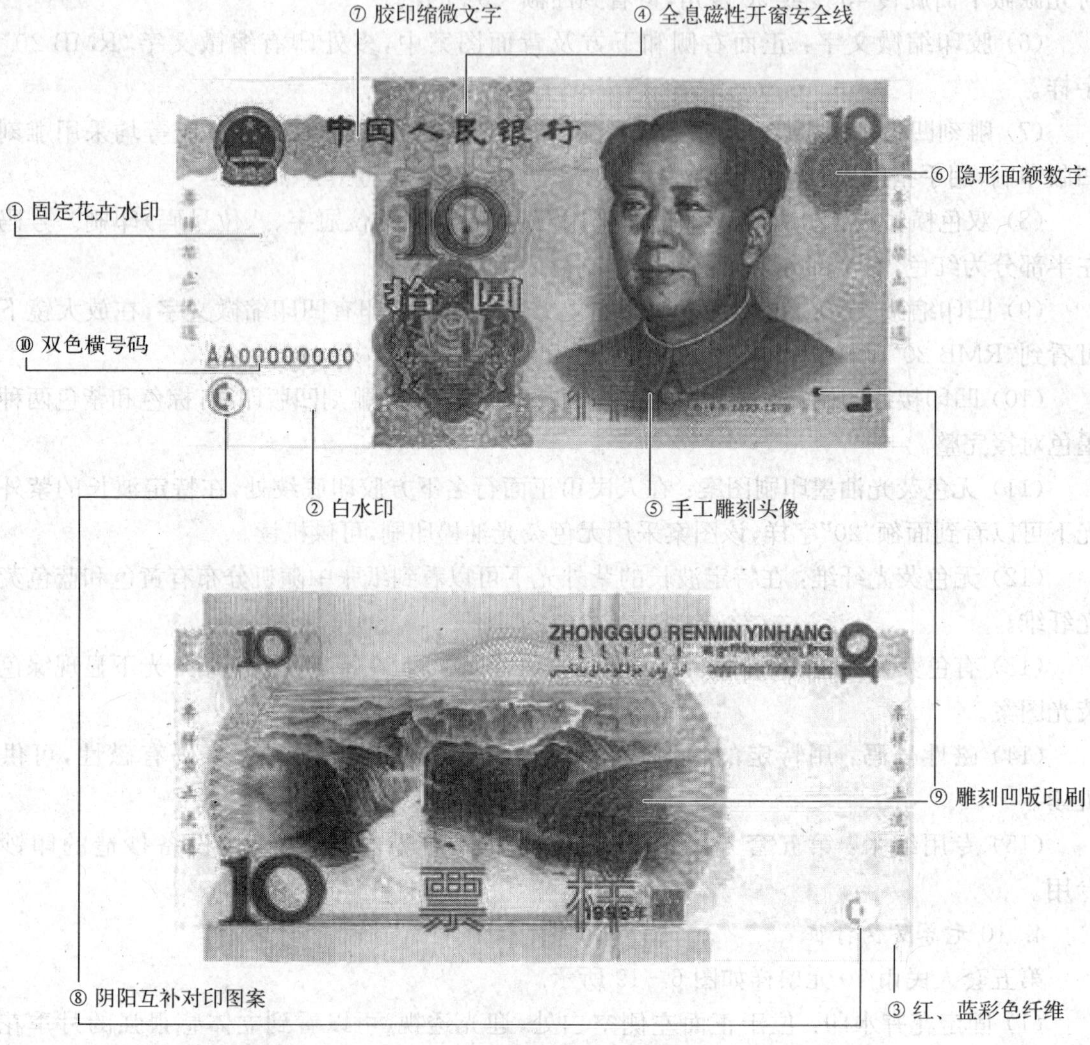

⑦ 胶印缩微文字　④ 全息磁性开窗安全线

① 固定花卉水印
⑥ 隐形面额数字
⑩ 双色横号码
② 白水印
⑤ 手工雕刻头像
⑨ 雕刻凹版印刷
⑧ 阴阳互补对印图案
③ 红、蓝彩色纤维

图 6-19　第五套人民币 10 元票样

以看到正背面图案合并组成一个完整的古钱币图案。

(9) 雕刻凹版印刷：正面主景毛泽东头像、"中国人民银行"行名、面额数字、盲文面额标记和背面主景"长江三峡"图案等均采用雕刻凹版印刷，用手指触摸有明显凹凸感。

(10) 双色横号码：正面印有双色横号码，左侧部分为红色，右侧部分为黑色。

防伪小常识

犯罪分子多是以几张纸币为"模子"，利用彩色复印、激光套色等非常粗糙的技术来印制。由于达不到印制条件，纸张质量不过关，所以，假币多是重复的号码，防伪标志也通常没有或不全。

(四) 假币及损伤、残缺币的处理

为规范对假币及损伤、残缺币的收缴、鉴定行为,保护货币持有人的合法权益,根据《全国人民代表大会常务委员会关于惩治破坏金融秩序犯罪的决定》和《中华人民共和国人民币管理条例》规定,中国人民银行及其分支机构对假币、残缺币的收缴与鉴定实施监督管理。

1. 假币的处理

出纳人员在日常工作中一旦发现假钞,应立即送交附近银行鉴别,由银行开具没收凭证,予以当场没收处理。出纳人员如发现可疑币不能断定真假时,不得随意加盖假币戳记和没收,应向持币人说明情况,开具临时的收据,然后将可疑币送银行鉴定。

金融机构在办理业务时发现假币,由该金融机构两名以上业务人员当面予以收缴。对假人民币纸币,应当面加盖"假币"字样的戳记;对假外币纸币及各种假硬币,应当面以统一格式的专用袋加封,封口处加盖"假币"字样戳记,并在专用袋上标明币种、券别、面额、张(枚)数、冠字号码、收缴人、复核人名章等细项。收缴假币的金融机构(以下简称"收缴单位")向持有人出具中国人民银行统一印制的《假币收缴凭证》,并告知持有人如对被收缴的货币真伪有异议,可向中国人民银行当地分支机构或中国人民银行授权的当地鉴定机构申请鉴定。收缴的假币,不得再交予持有人。

金融机构在收缴假币过程中有下列情形之一的,应当立即报告当地公安机关,提供有关线索:

(1) 一次性发现假人民币 20 张(枚)(含 20 张、枚)以上、假外币 10 张(含 10 张、枚)以上的;

(2) 属于利用新的造假手段制造假币的;

(3) 有制造贩卖假币线索的;

(4) 持有人不配合金融机构收缴行为的。

2. 损伤残缺人民币的处理办法

人民币在长期商品交换中,有的纸币松软,有的票面脏污,有的磨损或残缺。为了提高人民币的整洁度,更好地发挥货币的职能,我国各银行出纳部门在收入现金过程中,都会按照中国人民银行的有关规定,积极主动办理损伤人民币的挑剔、兑换和回收工作。单位出纳人员在办理现金收付、整点票币时,应随时把损伤票币挑剔出来,以配合银行出纳部门的工作。

损伤人民币的挑剔参照以下标准办理:

(1) 票面缺少部分损及行名、花边、字头、号码、国徽之一的。

(2) 票面裂口超过纸幅 1/3 或损及花边、图案的。

(3) 票面纸质较旧,四周或中间有裂缝或票面断开又黏补的。

(4) 由于油浸、墨渍造成票面肮脏的面积较大,或涂写字迹过多,妨碍票面整洁的。

(5) 票面变色严重、影响图案清晰的。

(6) 硬币残缺、穿孔、变形、磨损、氧化腐蚀损坏部分花纹的。

出纳人员将损伤人民币挑剔出来后,应及时按规定到当地银行办理兑换,残缺、损伤的人民币兑换情况主要包括以下几个方面:

(1) 全额兑换。凡残缺人民币属于下列情况之一者,可向中国人民银行按照全额兑换:

① 票面残缺部分不超过1/5,其余部分的图案、文字能照原样连接者;

② 票面污损、熏焦、水湿、油浸、变色,但能辨别真假,票面完整或残缺不超过1/5,票面其余部分的图案、文字能照原样连接者。

(2) 半数兑换。票面残缺1/5以上至1/2,其余部分的图案、文字能照原样连接者,应持币向银行营业部门照原面额的半数兑换。但不得流通使用。

(3) 不予兑换。属下列情况之一者,不给予兑换:

① 票面残缺1/2以上者;

② 票面污损、熏焦、水湿、变色不能辨别真假者;

③ 故意挖补、涂改、剪贴、拼凑、揭去一面者。

不予兑换的残缺人民币由中国人民银行收回销毁,不得流通使用。

二、出纳人员手工点钞技能

点钞也叫票币整点,包括整点纸币和清点硬币。是从事财会、金融、商品经营等工作必须具备的一项专业技术技能。

(一) 点钞的基本程序:拆把→点数→扎把→盖章

(1) 拆把。把待点的成把钞票的封条拆掉。

(2) 点数。手点钞,脑记数,点准一百张。

(3) 扎把。把点准的一百张钞票墩齐,用腰条扎紧。

(4) 盖章。在扎好的钞票的腰条上加盖经办人名章,以明确责任。

(二) 点钞的基本要求

在人民币的收付和整点中,要把混乱不齐、折损不一的钞票进行整理,使之整齐美观。整理的具体要求是:

(1) 平铺整齐,边角无折,同券一起,不能混淆;

(2) 券面相同,不能颠倒,验查真伪,去伪存真;

(3) 剔除残币,完残分放,百张一把,十把一捆;

(4) 扎把捆紧,经办盖章,清点结账,复核入库。

(三) 点钞的常用方法

点钞方法是相当多的,概括而言,可以划分为手工点钞和机器点钞两大类。对于手工点钞,根据持票姿势不同,又可划分为手持式点钞方法和手按式点钞方法。手按式点钞方法,是将钞票放在台面上操作;手持式点钞方法,是在手按式点钞方法的基础上发展而来的,其速度远比手按式点钞方法快,因此,手持式点钞方法在全国各地应用比较普遍。

手持式点钞方法,根据指法不同又可分为:单指单张、单指多张、多指多张、扇面式点钞等四种。

1. 单指单张点钞法

用一个手指一次点一张的方法叫单指单张点钞法,如图 6-20 所示。

这种方法是点钞中最基本也是最常用的一种方法,使用范围较广,频率较高,适用于收款、付款和整点各种新旧大小钞票。这种点钞方法由于持票面小,能看到票面的 3/4,很容易发现假钞票及残破票,缺点是点一张记一个数,比较费力。具体操作如下:

(1) 持票。

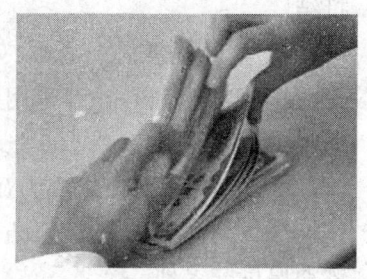

图 6-20 单指单张点钞法

左手横执钞票,下面朝向身体,左手拇指在钞票正面左端约 1/4 处,食指与中指在钞票背面与拇指同时捏住钞票,无名指与小指自然弯曲并伸向票前左下方,与中指夹紧钞票,食指伸直,拇指向上移动,按住钞票侧面,将钞票压成瓦形,左手将钞票从桌面上擦过,拇指顺势将钞票向上翻成微开的扇形,同时,右手拇指、食指作点钞准备。

(2) 清点。

左手持钞并形成瓦形后,右手食指托住钞票背面右上角,用拇指尖逐张向下捻动钞票右上角,捻动幅度要小,不要抬得过高。要轻捻,食指在钞票背面的右端配合拇指捻动,左手拇指按捏钞票不要过紧,要配合右手起自然助推的作用。右手的无名指将捻起的钞票向怀里弹,要注意轻点快弹。

(3) 记数。

记数与清点同时进行。在点数速度快的情况下,往往由于记数迟缓而影响点钞的效率,因此记数应该采用分组记数法。把 10 作 1 记,即 1、2、3、4、5、6、7、8、9、1(即 10),1、2、3、4、5、6、7、8、9、2(即 20),以此类推,数到 1、2、3、4、5、6、7、8、9、10(即 100)。采用这种记数法记数既简单又快捷,省力又好记。但记数时宜默记,不要念出声,做到脑、眼、手密切配合,既准又快。

(4) 墩齐。

点完 100 张,左手拇指、中指之间捏住钞票,无名指、小指伸向钞票的前面,将钞票横执在桌面上,左右手送拢墩齐,再将钞票竖起墩齐,使钞票两端整齐,然后左手持票作扎把准备。

(5) 扎把。

点钞完毕后需要对所点钞票进行扎把,通常是 100 张捆扎成一把,分为缠绕式和扭结式两种方法。

缠绕式:临柜收款采用此种方法,需使用牛皮纸腰条,其具体操作方法介绍如下:

① 将点过的钞票 100 张墩齐。

② 左手从长的方向拦腰握着钞票,使之成为瓦状(瓦状的幅度影响扎钞的松紧,在捆扎中幅度不能变)。

③ 右手握着腰条头将其从钞票的长的方向夹入钞票的中间(离一端 1/3~1/4 处)从凹

面开始绕钞票两圈。

④ 在翻到钞票原度转角处将腰条向右折叠90度,将腰条头绕捆在钞票的腰条转两圈打结。

⑤ 整理钞票。

扭结式:考核、比赛采用此种方法,需使用绵纸腰条,其具体操作方法介绍如下:

① 将点过的钞票100张墩齐。

② 左手握钞,使之成为瓦状。

③ 右手将腰条从钞票凸面放置,将两腰条头绕到凹面,左手食指、拇指分别按住腰条与钞票厚度交界处。

④ 右手拇指、食指夹住其中一端腰条头,中指、无名指夹住另一端腰条头,并合在一起,右手顺时针转180°,左手逆时针转180°,将拇指和食指夹住的那一头从腰条与钞票之间绕过、打结,整理钞票。

2. 单指多张点钞法

点钞时,一指同时点两张或两张以上的方法叫单指多张点钞法,如图6-21所示。

它适用于收款、付款和各种券别的整点工作。点钞时记数简单省力,效率高。但也有缺点,就是在一指捻几张时,由于不能看到中间几张的全部票面,所以假钞和残破票不易发现。这种点钞法除了记数和清点外,其他均与单指单张点钞法相同。

(1) 持票(同单指单张)。

图6-21 单指多张点钞法

(2) 清点。清点时,右手食指放在钞票背面右上角,拇指肚放在正面右上角,拇指尖超出票面,用拇指肚先捻钞。单指双张点钞法,拇指肚先捻第一张,拇指尖捻第二张。单指多张点钞法,拇指用力要均衡,捻的幅度不要太大,食指、中指在票后面配合捻动,拇指捻张,无名指向怀里弹。在右手拇指往下捻动的同时,左手拇指稍抬,使票面拱起,从侧边分层错开,便于看清张数,左手拇指往下拨钞票,右手拇指抬起让钞票下落,左手拇指在拨钞的同时下按其余钞票,左右两手拇指一起一落协调动作,如此循环,直至点完。

(3) 记数。

采用分组记数法。比如,点双数,两张为一组记一个数,50组就是100张。

3. 多指多张点钞法

多指多张点钞法是指:点钞时用小指、无名指、中指、食指依次捻下一张钞票,一次清点四张钞票的方法,也叫四指四张点钞法,如图6-22所示。

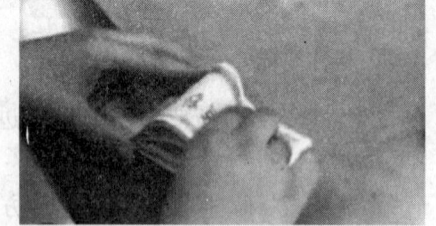

图6-22 手持式多指多张点钞法

这种点钞法适用于收款、付款和整点工作,这种点钞方法不仅省力、省脑,而且效率高,能够逐张识别假钞票和挑剔残破钞票。

(1) 持票。

用左手持钞,中指在前,食指、无名指、小指在后,将钞票夹紧,四指同时弯曲将钞票轻压成瓦形,拇指在钞票的右上角外面,将钞票推成小扇面,然后手腕向里转,使钞票的右里角抬起,右手五指准备清点。

(2) 清点。

右手腕抬起,拇指贴在钞票的右里角,其余四指同时弯曲并拢,从小指开始每指捻动一张钞票,依次下滑四个手指,每一次下滑动作捻下四张钞票,循环操作,直至点完100张。

(3) 记数。

采用分组记数法。每次点四张为一组,记满25组为100张。

4. 扇面式点钞法

把钞票捻成扇面状进行清点的方法叫扇面式点钞法,如图6-23所示。

这种点钞方法速度快,是手工点钞中效率最高的一种。但它只适合清点新票币,不适于清点新、旧、破混合钞票。

(1) 持钞。

钞票竖拿,左手拇指在票前下部中间票面约1/4处。食指、中指在票后同拇指一起捏住钞票,无名指和小指拳向手心。右手拇指在左手拇指的上端,用虎口从右侧卡住钞票成瓦形,食指、中指、无名指、小指均横在钞票背面,做开扇准备。

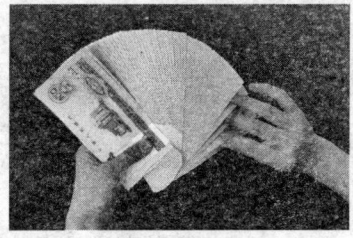

图6-23 扇面式点钞法

(2) 开扇。

开扇是扇面点钞的一个重要环节,扇面要开的均匀,为点数打好基础,做好准备。其方法是:以左手为轴,右手食指将钞票向胸前左下方压弯,然后再猛向右方闪动,同时右手拇指在票前向左上方推动钞票,食指、中指在票后面用力向右捻动,左手指在钞票原位置向逆时针方向画弧捻动,食指、中指在票后面用力向左上方捻动,右手手指逐步向下移动,至右下角时即可将钞票推成扇面形。如有不均匀地方,可双手持钞抖动,使其均匀。

打扇面时,左右两手一定要配合协调,不要将钞票捏得过紧,如果点钞时采取一按10张的方法,扇面要开小些,便于点清。

(3) 点数。

左手持扇面,右手中指、无名指、小指托住钞票背面,拇指在钞票右上角1厘米处,一次按下5张或10张;按下后用食指压住,拇指继续向前按第二次,以此类推,同时左手应随右手点数速度向内转动扇面,以迎合右手按动,直到点完100张为止。

(4) 记数。

采用分组记数法。一次按5张为一组,记满20组为100张;一次按10张为一组,记满

10 组为 100 张。

(5) 合扇。

清点完毕合扇时,将左手向右倒,右手托住钞票右侧向左合拢,左右手指向中间一起用力,使钞票竖立在桌面上,两手松拢轻墩,把钞票墩齐,准备扎把。

手工清点硬币的方法,也是一种手工点钞法。在没有工具之前,硬币全部用手工清点,这是清点硬币的一种基本方法,它不受客观条件的限制,只要熟练掌握,在工作中与工具清点速度相差不大。

想一想

1. 鉴别真假人民币的基本方法有哪些?
2. 出纳人员收到假钞怎么处理?
3. 点钞都有哪些主要方法?

练一练

1. 人工鉴别人民币真伪。

要求:

指出人民币 100 元券的防伪特征,将防伪特征填入相应的图标处,如图 6-24 所示。

图 6-24 100 元人民币票样

考核标准:

人民币鉴别考核表

评价等级	评价标准
优	3分钟内能迅速说出人民币识别点的名称及在钞票中的位置
良	5分钟内能迅速说出人民币识别点的名称及在钞票中的位置
合格	10分钟内能迅速说出人民币识别点的名称及在钞票中的位置

2. 手工点钞。

要求：

运用手持式单指点钞法从一捆点钞纸中清点出100张，扎把并盖章，要求快速准确。

考核标准：

准确5分，速度5分。

任务七　出纳工作的交接

纠结的工作交接手续

小王是长城机械厂的出纳，现在因为工作的变动，小王要离开企业。厂里面又招了一个新出纳，下周就来上班。会计对小王说让他准备一下，下周新出纳来了进行一下工作交接。但是小王不是很清楚要交接哪些物品，如何办理交接，以及手续交接后是否还要承担原来的错误责任等问题。小王对此心中没有底，很是纠结。

要想解决这样的疑问，就需要细细品味下面的内容。

 学习目标

通过本任务的学习，使学生理解出纳交接的内容和范围；掌握出纳交接的手续和相关交接表的填制。

任务分解

一、出纳工作交接

出纳交接是指出纳人员在调动或离职时，由离任的出纳人员将有关工作和资料票证移交给继任出纳人员的工作过程。

（一）出纳交接的范围

1. 离职交接

我国《会计法》第二十四条规定："会计人员调动工作或者离职，必须与接管人员办清交接手续。"《会计基础工作规范》第二十五条也规定："会计人员工作调动或者因故离职，必须将本人所经管的会计工作全部移交给接替人员。没有办清交接手续的,不得调动或者离职。"出纳员属于企业的会计人员,所以出纳员调动工作或者离职,也必须将本人所经管的出纳工作全部移交给接管人员,与接管人员办清交接手续,没有办清交接手续的,不得调动或者离职。

> **小思考**
>
> 出纳调动工作或者离职需要办理交接手续,这一点毋庸置疑,但是是不是只有工作调动或者离职才需要办理工作交接手续呢?还有没有其他也需要办理工作交接的情况呢?

2. 临时交接

出纳员在病假、事假、婚假、产假等休假以及外出学习、出差等临时离岗期间,需要由他人暂时顶替工作,此时应办理部分交接手续,千万不能留下印章、钥匙就一走了事,就算是非常要好的同事,也要办理交接手续,以明确责任。

移交人员因病或其他特殊原因不能亲自办理移交手续的,经单位负责人批准,可由移交人委托他人代办交接,但委托人应当对所移交的会计凭证、会计账簿、财务会计报告和其他有关资料的真实性、完整性承担法律责任。

> **小提示**
>
> 在临时交接时,出纳员绝对不能将自己的名章交由顶替人员随意使用。

(二)出纳交接的内容

不同的单位因为规模大小不同、出纳人员多少不同,出纳员的分工和主管的工作会有所不同,所以,不同单位的出纳员,同一单位的不同出纳员在进行工作交接时,交接的具体内容也会有所不同。在进行离职交接时,出纳员只需将自己所主管的所有工作进行交接即可。总的来讲,出纳工作交接应包括以下内容:

(1) 库存现金、银行存款和其他贵重物品。

(2) 有价证券(包括债券、股票、商业汇票等)。

(3) 出纳凭证(原始凭证、记账凭证)、出纳账簿(库存现金日记账和银行存款日记账)和出纳报告。

(4) 支票簿(包括已作废支票)、发票(各种空白发票,已用发票的存根联以及作废发票的所有联次)、收据(各种空白收据、已用收据的存根联以及作废收据的所有联次)等各种票据。

(5) 印章(包括财务专用章、发票专用章、预留银行的其他印鉴,以及"现金收讫"、"现金付讫"等业务印章)和预留银行的印鉴卡片,以及由出纳员保管的会计文件和其他会计资料(银行对账单、出纳保管的合同、协议书等)。

(6) 办公室、办公桌和保险柜的钥匙。
(7) 由出纳员使用或保管的计算器等办公用品。
(8) 其他的由出纳员使用或保管的物品。

实行会计电算化的单位，出纳员工作交接还应包括以下内容：会计软件以及与会计软件相关的密码或口令；存出会计数据的介质（磁带、磁盘、光盘、微缩胶片等）；出纳保管的各种程序盘和使用说明书；有关会计电算化的其他资料和实物。

（三）出纳交接的相关责任

《会计基础工作规范》第三十五条规定"移交人员对所移交的会计凭证、会计账簿、会计报表和其他有关资料的合法性、真实性承担法律责任"。具体表现在几个方面：

(1) 移交人员所移交的会计资料是在其经办会计工作期间内所发生的，是由移交人员办理的，应当对这些会计资料的真实性、完整性负责。

(2) 移交后，移交人对自己经办的已办理移交的资料负完全责任，不得以资料已移交为借口推卸责任；

(3) 接替人员应继续使用移交后账簿资料，保持会计记录的连续性，不得自行另立账簿或擅自销毁移交资料。

（四）出纳交接应注意事项

(1) 移交时，交接双方人员一定要当面看清、点数、核对，不得由别人代替。

(2) 交接后，接管的出纳人员应及时向开立账户的银行办理更换银行结算证，检查保险柜的使用是否正常，妥善保管现金、有价证券、印章等，如有安全隐患，要立即采取改善措施。

(3) 监交过程中，如果移交人交代不清，或者接交人故意为难，监交人员应及时处理，移交人不作交代，或者交代不清的，不得离职。

二、出纳工作的交接手续

（一）交接前的准备工作

会计人员办理移交手续前，必须及时做好以下工作：

(1) 已经受理的经济业务尚未填制会计凭证的，应当填制完毕。

(2) 尚未登记的账目，应当登记完毕，并在最后一笔余额后加盖经办人员印章。

(3) 整理应该移交的各项资料，对未了事项写出书面材料。

(4) 编制移交清册，列明应当移交的会计凭证、会计账簿、会计报表、印章、现金、有价证券、支票簿、发票、文件及其他会计资料和物品等内容；实行会计电算化的单位，从事该项工作的移交人员还应当在移交清册中列明会计软件及密码、会计软件数据磁盘（磁带等）及有关资料、实物等内容。

（二）交接阶段

会计人员办理交接手续，必须有监交人负责监交。一般会计人员交接，由单位会计机构负责人、会计主管人员负责监交；会计机构负责人、会计主管人员交接，由单位领导人负责监交，必要时可由上级主管部门派人会同监交。

移交人员在办理移交时,要按移交清册逐项移交。

(1) 现金、有价证券要根据会计账簿有关记录进行点交。库存现金、有价证券必须与会计账簿记录保持一致。不一致时,移交人员必须限期查清。

(2) 会计凭证、会计账簿、会计报表和其他会计资料必须完整无缺。如有短缺,必须查清原因,并在移交清册中注明,由移交人员负责。

(3) 银行存款账户余额要与银行对账单核对,如不一致,应当编制银行存款余额调节表调节相符,各种财产物资和债权债务的明细账户余额要与总账有关账户余额核对相符;必要时,要抽查个别账户的余额,与实物核对相符,或者与往来单位、个人核对清楚。

(4) 移交人员经管的票据、印章和其他实物等,必须交接清楚;移交人员从事会计电算化工作的,要对有关电子数据在实际操作状态下进行交接。

(三) 交接结束

交接完毕后,交接双方和监交人员要在移交注册上签名或者盖章。并应在移交注册上注明单位名称,交接日期,交接双方和监交人员的职务、姓名,移交清册页数以及需要说明的问题和意见等。

移交清册一般应当填制一式三份,交接双方各执一份,存档一份。

三、出纳工作移交表

出纳工作移交表,主要包括库存现金移交表、银行存款移交表、有价证券贵重物品移交表、核算资料移交表以及交接说明书等。

(一) 库存现金移交表

根据现金库存实有数,按币种(分为人民币和各种外币)、币别分别填入库存现金移交表内。
库存现金移交表如图7-1所示。

库存现金移交表

币种:　　　　　　　　移交日期:　年　月　日　　　　单位:元　第　页

币别	数量	移交数量	移交金额	备注
100元				
50元				
20元				
10元				
5元				
2元				
1元				
5角				
2角				
1角				
5分				
2分				
1分				
合计				

单位领导:　　　　移交人:　　　　监交人:　　　　接交人:

图7-1　库存现金移交表

(二)银行存款移交表

银行存款移交表应根据账面数、实有数、币种、开户银行等分别填写。

银行存款移交表如图7-2所示。

银行存款移交表

移交日期： 年 月 日　　　　　　　　　单位：元 第 页

开户银行	币种	期限	账面数	实有数	备注

附：(1) 银行存款余额调节表　　份。
　　(2) 银行预留印鉴卡　　张。

单位领导：　　　　移交人：　　　　监交人：　　　　接交人：

图7-2　银行存款移交表

(三)有价证券、贵重物品移交表

有价证券、贵重物品是出纳人员经管的单位财产，在移交时，出纳人员应根据清理核对后的有价证券和贵重物品按品种、价值等分别登记。

有价证券、贵重物品移交表如图7-3所示。

有价证券、贵重物品移交表

移交日期： 年 月 日　　　　　　　　　单位：元 第 页

名　称	购入日期	单位	数量	金额	备注
××债券					
××股票					

单位领导：　　　　移交人：　　　　监交人：　　　　接交人：

图7-3　有价证券、贵重物品移交表

(四)核算资料移交表

核算资料，主要包括出纳账簿、收据、银行结算凭证、票据领用、使用登记簿，以及其他文件资料等。

核算资料移交表如图7-4所示。

核算资料移交表

移交日期： 年 月 日

名　　称	年度	数量	起止号	备注
库存现金日记账 银行存款日记账 支票领用登记簿 结算业务申请书登记簿 收据领用登记簿 ……				

单位领导：　　　　移交人：　　　　监交人：　　　　接交人：

图 7-4 核算资料移交表

(五) 出纳人员工作交接书

出纳工作交接书是把移交表中无法列入或尚未列入的内容作具体说明的文件。该交接书包括交接日期、交接双方及监交人员的职务和姓名、移交清册页数、需要说明的问题和意见。

出纳工作交接书

原出纳员张××，因工作调动，财务处已决定将出纳工作移交给王××接管。现办理如下交接：

一、交接日期：20××年××月××日。

二、具体业务的移交：

1. 库存现金：××月××日账面余额××元，实存相符，日记账余额与总账相符。

2. 银行存款余额×××万元，经编制"银行存款余额调节表"核对相符。

3. 库存国库券：×××元，经核对无误。

4. ……

三、移交的会计凭证、账簿、文件：

1. 本年度现金日记账×本；

2. 本年度银行存款日记账二本；

3. 空白现金支票××张（××号至××号）；

4. 空白转账支票××张（××号至××号）；

5. 托收承付登记簿一本；

6. 付款委托书一本；

7. 信汇登记簿一本；

8. 金库暂存物品明细表一份，与实物核对相符；

9. 银行对账单×～×月份×本；×月份未达账项说明一份；

10. ……

四、印鉴：

1. ××公司财务处转讫印章一枚；
2. ××公司财务处现金收讫印章一枚；
3. ××公司财务处现金付讫印章一枚。

五、交接前后工作责任的划分：20××年×月×日前的出纳责任事项由张××负责；20××年×月×日起的出纳工作由王××负责。以上移交事项均经交接双方认定无误。

六、本交接书一式三份，双方各执一分，存档一份。

移交人：××（签名盖章）

接管人：××（签名盖章）

监交人：×××（签名盖章）

××公司财务处（公章）

××××年××月××日

想一想

1. 出纳工作交接手续分为哪几个阶段？
2. 出纳移交表主要包括哪些内容？

练一练

郑州黄河科技有限公司出纳人员王芳，因工作调动，财务处安排李玲接替出纳工作，双方于2014年4月30日办理交接手续。

1. 具体业务的移交。

① 库存现金账面数1 582元，保险柜库存现金100元5张，50元10张，20元20张，10元10张，5元10张，20元1张，2元5张，1元2张。

② 银行存款日记账余额453 200元，与银行对账单相符。

2. 移交的会计凭证、账簿、文件。

① 本年度现金日记账、银行存款日记账各1本。

② 支票领用登记簿1本。

③ 空白现金支票20张（00005435～00005455）。

④ 空白转账支票10张（0004321～0004331）。

⑤ 结算业务申请书10张（0890101～0890111）。

⑥ 银行对账单1～4月，4张；银行余额调节表1～3月，3张。

⑦ 收据1本。

⑧ 银行预留印鉴卡片1张。

3. 印鉴。
① 郑州黄河科技有限公司现金收讫章 1 枚。
② 郑州黄河科技有限公司现金付讫章 1 枚。
要求：根据资料填写移交表并写出工作交接书。

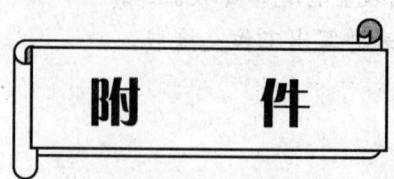

2013 年全国职业院校技能大赛中职组会计技能比赛点钞比赛细则

一、比赛内容

1. 单指单张。
2. 多指多张。

二、比赛方式

1. 备点钞票单指单张采用整把形式，多指多张采用散把形式。
2. 选手持钞采用手持式或手按式均可，不得采用扇形点钞手法，限时不限量。

三、比赛时间

单指单张：5 分钟。
多指多张：5 分钟。

四、比赛规则

1. 比赛设现场裁判若干名，计时员 1 名。
2. 大赛组委会统一提供比赛用练功券（佰元面额钞券）、海绵缸（并配甘油）、扎条、名印章（采用"万次章"）、记录表、点钞机等。
3. 点钞一律以坐姿形式进行。
4. 单指单张以整把形式进行，必须经过起把、点数、拆把、扎把、盖章等动作完成每一把点钞（起把时不用拆把，无设错整把即点验数为 100 张的把次需拆把、扎把和盖章；设错整把无需拆把，也无需扎把和盖章）。多指多张必须经过抓把、点数、扎把、盖章等过程，每 100 张为 1 把。
5. 未点的练功券以整把形式放在桌左边（左手点钞的选手可放在桌右边），不得试点，其他用具可按选手意愿摆放。比赛时,已清点的练功券放在桌右边(左手点钞的选手可放在桌左边),并将清点出的错把单独摆放。

6. 单指单张赛前裁判人员将比赛用钞每把清点成 100 张,并在每把钞票的第一张和最后一张上写上把次编号。

7. 单指单张比赛备点练功券按每把不少于 50% 的比例设置差错,每把错张不超过 ±4 张。

8. 多指多张比赛选手清点的每一正确把要求为 100 张。

9. 单指单张比赛时,主裁判发出"预备"口令时,选手可持第一把在手做好准备,主裁判发令"开始"选手才可点钞。多指多张比赛时,主裁判发出"预备"口令时方可抓把,主裁判发令"开始"选手才可点钞。最后 30 秒时,由主裁判预告时间,以便选手准备结束。

10. 主裁判发出"时间到"口令时,选手应立即停止点钞、扎把和盖章,按要求填写成绩记录单,将已点完的钞把按顺序整理,放入筐内交工作人员点验。

11. 单指单张比赛时选手应按备用练功券序号顺序点钞,不得跳把。未经清点的钞票不得作为已点把数(即不得甩把)。

12. 单指单张不得串指,要求一张一张的点,不得一指点两张或两张以上,每一把必须点完最后一张,否则不计该把成绩。

13. 单指单张扎把只对清点中发现的无差错把扎把,以提起任意一张不被抽出或散开为原则。清点中发现的有差错把不用扎把。需要拆把的,以勾断扎条为准。多指多张每把都要扎把。扎把要求扎两圈。

14. 单指单张比赛选手清点的钞把,未设有差错的完整把(100 张),应在其扎条上盖章,设有差错的钞把不盖章。多指多张比赛选手清点的钞把都要盖章。盖章可点一把盖一章,也可以全部点完扎好后再一次性在需要盖章的每把扎条上盖章,盖章以清晰可见为准。

15. 单指单张比赛选手应将清点结果在扎条上记录,注明差错张数(-4,-3,-2,-1,0,+1,+2,+3,+4)。并将点钞结果登记在"点钞比赛成绩记录表"中。

五、评分规则

1. 每点对一把计 10 分,点错一把倒扣 10 分。单指单张最后一把未完成的不计成绩,多指多张最后一把未完成的按比例计分,错误时按比例扣分,最后一把得分=已点张数×0.07。

2. 单指单张未设错把次没有拆把、扎把或扎把不符合要求的每把扣 2 分;多指多张没有扎把或扎把不符合要求的每把扣 2 分。

3. 没有盖章每把扣 1 分。

4. 未经点数扎成一把("甩把")的,倒扣 10 分。

5. 跳把该把不计分。

6. 主裁判发出"开始"口令前点钞("抢点"),或者发出"时间到"口令后仍继续点钞的("超时点"),各扣去 10 分。

7. 单指单张得分＝(正确把数－错误把数)×10－扣分合计;多指多张得分＝(正确把数－错误把数)×10＋(最后一把点数×0.07)－扣分合计。

折算分按单指单张和多指多张分别计算,最高得分选手成绩折算为10分,其他选手成绩按占最高得分选手成绩的比例折算。折算分＝实际得分×10/项目最高分。

总得分＝单指单张折算分＋多指多张折算分。

8. 点钞比赛总得分最低分为0分。

六、选手须知

1. 赛前各代表队领队抽签决定选手比赛场地与选手座位号。参赛选手在赛场工作人员引导下,进行检录签到,做好赛前准备。

2. 参赛选手在赛场工作人员带领下进入赛场;进入赛场后,按抽签号对号入座,并将选手身份证、学生证及参赛证放置桌子的左上角。

3. 主裁判发出"预备"口令后,选手可手持第一把钞票做好准备。主裁判发出"开始"口令后,选手即可开始点钞;

4. 主裁判发出"预备"口令后,迟到选手不得进入赛场。

5. 主裁判发出"时间到"口令后,选手应停止点钞、扎把、盖章等动作,并配合裁判人员完成成绩评判后方可离场。

6. 尊重裁判,服从工作人员统一指挥,遇有争议问题,应由领队向仲裁机构提出。

七、裁判员须知:

1. 裁判员在设错和审阅选手成绩过程中必须坚持公平、公正的原则。

2. 裁判员必须佩戴裁判员证进入赛场。

3. 裁判员分为两人一组,按照设错方案设错,认真做好用点钞机点钞工作。

4. 比赛一经开始,不得任意走动和其他与监考无关的行为,以免影响选手比赛。

5. 裁判长统一口令包括:"预备"、"开始"、"还剩30秒"、倒计时"5、4、3、2、1——时间到"等。

附 【练一练】参考答案

任务一【练一练】参考答案

1. 答：某公司让出纳兼任王某的收入、费用账目登记工作不符合我国《会计法》的规定。理由：我国《会计法》规定，出纳人员不得兼任收入、支出、费用、债权债务账目的登记工作。

2. 答：该公司对处理边角余料的收入在公司会计账册外另立会计账册的，是私设会计账簿的行为，即常说的账外账，应责令限期改正，对单位和直接负责的主管人员以及其他直接责任人员按有关规定进行罚款，构成犯罪的，依法追究刑事责任。

3. 答：王某的行为违背了爱岗敬业、坚持准则的会计职业道德。坚持准则，要求会计人员在处理业务过程中，严格按照会计法律制度办事，不为主观或他人意志左右。会计人员在进行核算和监督的过程中，只有坚持准则，才能在发生道德冲突时，以准则作为自己的行动指南，维护国家利益、社会公众利益和正常的经济秩序。

任务二【练一练】参考答案

一、单项选择题

1. A 2. C 3. B 4. B 5. A

二、多项选择题

1. ABCD 2. ABCD 3. ACD 4. ABCD 5. BCD

三、判断题

1. 错 2. 错 3. 对 4. 错 5. 对

四、实训题

（略）

任务三【练一练】参考答案

一、单项选择题

1. B 2. A 3. C 4. B 5. D

二、多项选择题

1. ABCD 2. ABC 3. BC 4. ACD 5. ABC

三、判断题

1. × 2. √ 3. × 4. × 5. √

四、实训题

（略）

任务四【练一练】参考答案

一、单项选择题

1. A 2. C 3. B 4. A 5. A

二、多项选择题

1. ABCD 2. ABC 3. ABC 4. AB 5. ABC

三、判断题

1. 错 2. 错 3. 错 4. 对 5. 错

四、实训题

（略）

任务五【练一练】参考答案

一、单项选择题

1. A 2. B 3. A 4. B 5. C 6. A

二、多项选择题

1. ABCD 2. ABC 3. BD 4. ABC 5. ABC

三、判断题

1. × 2. × 3. √ 4. × 5. × 6. √

四、实训题

（略）

任务六、任务七

（略）

【1】财政部. 企业会计准则. 北京：中国财政经济出版社，2006.
【2】财政部. 会计基础工作规范. 北京：中国财政经济出版社，1996.
【3】王霞. 出纳技能实战. 南京：江苏教育出版社，2009.
【4】张卿. 出纳员岗位知识与技能. 北京：机械工业出版社，2007.

参考文献

[1] 胡敦欣. 海洋学十年预测. 北京: 中国海洋学会学术委员会, 1990.
[2] 冯士筰. 近十年来近海动力海洋学进展. 北京: 中国海洋学会出版社, 1990.
[3] 王颖. 黄海陆架沉积研究. 南京: 江苏科学出版社, 2002.
[4] 苏纪兰. 中国海洋科学研究与开发. 北京: 海洋出版社, 2007.